VERTRAUEN

Kenzie Dysli und die Pferde
G. Boiselle

Müller
Rüschlikon

VORSPANN
Gabriele Boiselle erzählt … 14
Kenzie Dysli –
Meine besondere Verbindung zu Pferden 19

ANDALUSIEN –
LAND DER PFERDE, KENZIES HEIMAT 23
Mythos Andalusien: Pferde und Stiere 25
Feria del Caballo –
Gelebte andalusische Tradition 33
El Rocio – Die Wallfahrt zu Pferde 39
Hacienda Buena Suerte –
Ein besonderer Ort 40

KINDHEIT AUF DEM
PFERDERÜCKEN 53
Jean-Claude Dysli über Kenzie 58
Magda Bayer-Dysli über Kenzie 62
Kenzie: Meine Jugendzeit mit James 64
Ernst-Peter Frey über Kenzie 66
Kenzies Ehrgeiz war geweckt 69

Kenzie –
MEINE PFERDE
UND MEINE HUNDE 74
Doctor Bond – Mein Kindermädchen
auf vier Hufen 74
James – Mein Seelenfreund und
Lehrmeister 77
Atila – Meine Herausforderung 80
Ulysses – Meine Zukunft 84
Jamil – Mein ideales Lehrpferd 89
Hunde Black & White –
Meine stetigen Begleiter 90

ZUHAUSE IN VIELEN
SÄTTELN 93
Kenzie: Unterwegs mit Cowboyhut
und Westernsattel 94
Was ist die Altkalifornische
Westernreitweise? 99
Die iberische Tradition 104
Was ist die Doma Vaquera? 107
Kenzie: Doma Vaquera –
Kraftvolle Eleganz mit und ohne Sattel 110
Manolo Oliva über Kenzie 112

Kenzie: Meine Ausbildungszeit
in Portugal 115
Was ist Working Equitation? 118
Pedro Torres über Kenzie 119
Kenzie: Mein persönlicher Reitstil 123

Kenzie – FREI – OHNE SATTEL UND ZAUMZEUG 125
Glücksgefühl auf blankem Pferderücken 126
Verbunden am unsichtbaren Faden 133
Freiheit, Kommunikation und Vertrauen –
Die Grundlagen 133
Praxisteil
Lektion 1: Führposition 139
Lektion 2: Dem Druck weichen ohne Zwang ... 141
Rückwärtsrichten 144
Lektion 3: Seitwärts im Duett 149
Lektion 4: Seitwärts auf mich zu 150
Grenzen erkennen und setzen 154

Kenzie GOES PUBLIC
Wie alles begann – Mein erster
Showauftritt mit James 159
Abenteuer Filmdreh – Hinter den Kulissen
von „Ostwind" 162
Katja von Garnier über Kenzie 167
Seminare und Unterricht –
Eine Herausforderung 170

INTERVIEW MIT *Kenzie* 178

Linda Tellington-Jones über Kenzie 186
Ich möchte mich bedanken 189

Kenzie mit einer Andalusierstute und ihrem Fohlen zuhause auf der Hacienda Buena Suerte

GABRIELE BOISELLE ERZÄHLT ...

Beim ersten Blick in ihre dunklen Augen spürt man, dass man es mit einem ganz besonderen Menschen zu tun hat. Es geht eine große Intensität von ihr aus, eine Energie, die man nicht sofort deuten kann, und eine Ernsthaftigkeit, die sie immer wieder mit einem schallenden und mitreißenden Lachen wegwischt. In ihrem engen Flamenco-Kleid sieht das zierliche Persönchen mit der wilden braunen Lockenmähne aus wie eine Südländerin, ihr feiner Teint, die grazilen Bewegungen, einfach einnehmend und bestechend. Doch ihr Vater ist Schweizer und ihre Mutter eine halbe Ägypterin. Geboren wurde Kenzie Dysli in Deutschland und aufgewachsen ist sie zum größten Teil in Andalusien, ihrer ganz eigenen Welt, die erfüllt ist von Pferden.

Heute steht Kenzie im Rampenlicht: Wer sie 2013 auf dem Rücken des Hengstes Atila erlebt hat, der vor Aufregung zitternd zum ersten Mal eine Vorstellung auf der Equitana gab, wird es niemals vergessen. Es war ein Gänsehauterlebnis mit anzusehen, wie sie ihn nur mit ihren Gedanken beruhigte, welche Sicherheit sie ihm gab und wie er die Anlehnung an sie suchte. Sie zeigten komplizierte Doma Vaquera-Lektionen mit der Garocha, einhändig geritten und dann ganz ohne Sattel und Zaumzeug fliegende Galoppwechsel, Pirouetten und Stopps, immer mit vollem Einsatz und in voller Geschwindigkeit. Atila bemühte sich stets, alles richtig zu machen, und seine Lenden waren bedeckt mit Schaum vor Anstrengung und Aufregung. Kenzie schien mühelos und leicht auf seinem blanken Rücken zu schweben, immer in Balance, verknüpft mit einem unsichtbaren Band und mit einem beseelten Lächeln im Gesicht. Die beiden strahlten einen Glanz aus, der von innen kam. Kenzie schien nicht mehr hier zu sein, sie war in Atilas Welt, in ihrer gemeinsamen Welt. Sprachlos starrten die Kinder, die am Ring standen, die beiden an. Es schien, als glaubten sie, ein Märchen wäre wahr geworden, das von der Fee und ihrem Zauberpferd. Die Erwachsenen spürten ebenfalls diese Harmonie zwischen Mensch und Pferd und suchten nach ihren eigenen Erklärungen, alle waren fasziniert von dem Gesehenen und werden dieses Bild sicher für ihr ganzes Leben im Herzen tragen.

Jedes Menschenkind ist etwas Besonderes, doch Kenzie Dysli war schon als Kind besonders, einfach „anders". Sie hat mich vom ersten Moment an fasziniert. Damals konnte sie noch nicht einmal laufen und es war bei Weitem nicht absehbar, dass sie einmal die Menschen so verzaubern würde. Doch sie wurde mit einer Gabe geboren, die auf fruchtbaren Boden fiel und zur richtigen Zeit am richtigen Ort von den richtigen Menschen gefördert wurde. Sie ist ein Glückskind im wahrsten Sinne des Wortes. Kenzie ist dies nicht wirklich bewusst, doch sie zieht Menschen und Tiere magisch an und rührt an das Beste in jedem Wesen. Dabei ist sie eigentlich schüchtern und auch manchmal gerne alleine. Doch wenn man sie mit den Pferden sieht, dann tritt eine energische und souveräne Persönlichkeit hervor, die intuitiv genau weiß, was sie tut, und die bereits jetzt schon eine ganze Menge an Erfahrung aufzuweisen hat. Sie ist für viele ein Vorbild geworden, die ihr Wissen ohne Starallüren gerne weitergibt.

Über viele Jahre hinweg war ich immer wieder zu Besuch auf der Hacienda Buena Suerte. Anfangs ging es natürlich um das Westernreiten und ich fotografierte Jean-Claude Dysli, der dadurch bekannt wurde, dass er als Erster die

KENZIE DYSLI – VORBILD ODER STAR?

Quarter Horses aus den USA nach Europa importiert hatte. Wir sind heute immer noch befreundet und er ist inzwischen zum dritten Mal verheiratet. Es war schön, ihn für das Buch mit seiner Tochter zusammen zu fotografieren. Mit Kenzies Mutter, Magda Bayer-Dysli, die ebenfalls eine sehr beindruckende Persönlichkeit ist, verbindet mich auf einer anderen Ebene sehr viel, was wiederum auch mit ihrer Tochter zu tun hat. Es ist immer eine Art „Nach-Hause-Kommen", wenn ich die Palmenallee zur Hacienda hochfahre. Sofort spüre ich diese prickelnde Vorfreude in mir aufsteigen und bin mir sicher, dass ich willkommen geheißen werde von Kenzie und dem großen Rest der Familie.

Natürlich war Kenzie schon als Kind sozusagen vom ersten Moment an ein tolles Fotomotiv. Das haben viele Fotografen, die die Hacienda in den letzten 20 Jahren besucht haben, immer wieder festgestellt. Sie spielte ohne Scheu ganz natürlich mit ihren Pferden vor der Kamera.

Da ich immer wieder Zeit auf der Hacienda verbrachte, oft auch, um einmal ein paar Tage auszuspannen, lernte ich Kenzie näher kennen. Auf unseren gemeinsamen Reisen und Fotoshootings konnte ich ab und an auch die Heranwachsende mit ihren Zweifeln und Ängsten sehen, die sich nichts einfach macht und sorgfältig nach dem nächsten „richtigen" Schritt sucht, den sie machen möchte. Kenzie hinterfragt, bezweifelt und versucht, immer wieder eine neue Perspektive zu finden. Genauso intensiv setzt sie sich auch mit der Psyche ihrer Pferde auseinander und sucht nach Wegen, das Zutrauen und die Liebe der Wesen zu erringen, die ihr so am Herzen liegen. Ihr Nachwuchsstar, der Lusitano-Hengst Ulysses ist eine Herausforderung für sie, ein sehr schwieriges Pferd, dem sie nur mit viel Geduld und Zeit nahekommen konnte.

Es war für Kenzie nicht einfach, in die Vorbereitungen für dieses Buch zu gehen. Auf der einen Seite freute sie sich darüber, ihre Geschichten aufschreiben zu können und ihre Pferde vorzustellen. Sie erzählt gerne und gibt frohen Herzens ihre Erfahrungen weiter, deshalb machen ihr die Seminare auch so viel Spaß. Doch da waren auch die Selbstzweifel, die sie äußerte: „Es gibt doch so viele Leute, die viel besser sind als ich" oder „Ich bin doch noch so jung, was habe ich denn zu sagen?" oder „Man wird denken, ich bin arrogant und überheblich" oder „Ich habe noch so viel zu lernen". Dies alles sind Gedanken, die ihr durch den Kopf gingen und die sie mir gegenüber äußerte, doch ihre Zweifel machen sie nur authentischer. Ehrlich gesagt, habe ich mir am Anfang auch die Frage gestellt, ob das Buch gut für sie ist, wie sie es verkraften würde. Für mich als Fotografin stellt es natürlich eine wundervolle Gelegenheit dar, sie in außergewöhnlich atmosphärischen Bildern, die über die Jahre hinweg entstanden sind, zu portraitieren und ihre vielen Facetten ins rechte Licht zu rücken. Doch als ihre Vertrauensperson habe ich mich ebenfalls gefragt, wie sie mit der Resonanz auf dieses Buch, die durchaus auch kritisch sein kann, fertig werden wird.

GABRIELE BOISELLE ERZÄHLT ...

Wir haben viel geredet bei der Vorbereitung zu den Texten, ich habe unsere Gespräche aufgezeichnet und Kenzie hat ihre Gedanken niedergeschrieben. War das Konzept zu Anfang noch nicht ganz klar, so kristallisierten sich dann die verschiedenen Kapitel heraus. Erst durch meine intensiven Fragen hat sich Kenzie damit auseinandergesetzt, was sie eigentlich mit den Pferden macht – und mit ihrem Leben. Hilfreich waren auch die Erfahrungen, die sie bei der Produktion ihrer ersten DVD „Motiviere dein Pferd" gemacht hatte. Ich wusste anfangs nicht, wie viel Text wir zusammenbekommen würden, denn eins war klar: Nur ein prachtvoller Bildband sollte dieses Buch nicht werden. Kenzie hat einfach mehr zu vermitteln, als ihr schönes Gesicht. Doch darüber brauchte ich mir nach kurzer Zeit keine Sorgen mehr zu machen. Kenzie hat eine unglaubliche Fähigkeit entwickelt, sich präzise zu verschiedenen Themen auszudrücken und ihre Erfahrungen, Gefühle und Emotionen zu erklären. Es ist eine Freude, ihre Texte zu lesen, die einfach und sehr direkt geschrieben sind, denn es geht ihr immer darum, wirklich verstanden zu werden, ob von Menschen oder von Pferden.

Es gibt auf dieser Welt viele Reiter und Pferdetrainer und ich habe wirklich eine Menge von ihnen in meinem Berufsleben als Fotografin kennengelernt. Doch nur wenige von ihnen sind wirklich authentisch und absolut auf das Wohlbefinden der Pferde fokussiert. Ganz oben auf der kleinen Liste stehen die großen Ausnahmen wie Frederic Pignon und Magali Delgado oder die Pferdepädagogin, Therapeutin und Heilerin Linda Tellington-Jones. Bisher habe ich allerdings noch nie einen so jungen Menschen erlebt wie Kenzie, der mit so reinem Herzen und mit einer solchen Zuversicht und Liebe die Pferdedressur angegangen ist. Sie ist für mich ein Phänomen. In kurzer Zeit wurde sie zu einem großen Vorbild für viele Reiter, für Mädchen und Frauen, die Pferde lieben. Kenzies Intensität und ihre Ausstrahlung, ebenso wie die Liebe, die ihr die Pferde zurückgeben, sind so „besonders", dass die Menschen Kenzie in natura sehen möchten. Jeder, der Kenzie erlebt hat oder das Glück hatte, eines ihrer Seminar zu besuchen, wird viel Neues für sich und sein Pferd mit nach Hause nehmen und auch Eindrücke im Unterbewusstsein abspeichern, die erst später von Nutzen werden können.

Für mich persönlich ist es eine große Freude und Genugtuung, dieses Buch über und für Kenzie gemacht zu haben. Es ist sogar noch mehr, es ist mir eine Ehre, dass sie mir so viel Vertrauen entgegengebracht hat, um dieses Abenteuer Buch gemeinsam zu wagen. Ich hoffe, dass sie sich darin wiederfindet. Es ist ihr Buch, ihr Leben und ihre Zukunft. Mir bleibt nur noch, ihr viel Erfolg auf ihrem weiteren Lebensweg zu wünschen ...

Möge das Glück sie begleiten, so wie bisher, und möge sie viele Menschen berühren. Denn letztendlich ist dies die Essenz ihrer Arbeit und ihrer Auftritte mit ihren Pferden, Kenzie berührt die Menschen, die ihr zuschauen, bis in die Seele.

G. Boiselle

Anmerkungen von Gabriele Boiselle zur 3. Auflage

Seit Erscheinen dieses Buches im Jahr 2013 ist viel passiert. Kenzie ist mittlerweile eine gefragte Ausbilderin und stellt regelmäßig ihre Arbeit auf europäischen Pferdemessen vor. Der zweite Ostwindfilm – Ostwind – Rückkehr nach Kaltenbach – kam im Sommer 2015 in die Kinos, im Sommer 2017 hatte Ostwind 3 – Ostwind – Aufbruch nach Ora – Premiere. Auch in diesen Filmen war Kenzie mit ihren Pferden dabei.

Aber es gibt auch Trauriges zu berichten: Kenzies Vater, Jean-Claude Dysli, verstarb Ende 2013 sehr plötzlich und ihre Mutter, Magda Bayer-Dysli erlag 2016 ihrer schweren Krebserkrankung. Kenzie und ihr Bruder Raphael betreiben weiterhin die Guest-Ranch Hacienda Buena Suerte in Andalusien.

Kenzie
MEINE BESONDERE **VERBINDUNG** ZU PFERDEN

Pferde sind für mich ganz besonders schöne und anmutige Wesen, deren Kraft, Lebensfreude und Sensibilität mich jeden Tag aufs Neue berühren und faszinieren. Es erfüllt mich mit Stolz, das Vertrauen und die Freundschaft eines solch wundervollen Tieres zu erlangen, und ich werde getragen von dem Wunsch, dieses niemals durch unüberlegtes oder ungerechtes Verhalten zu enttäuschen.

Ehrlichkeit, Respekt, gegenseitiges Vertrauen und Liebe sind für mich die zentralen Themen im Umgang mit den Pferden. Sie selbst sind immer absolut ehrlich, sie erkennen dich als das, was du in deinem Innersten bist und fühlst. In ihrem Verhalten und ihren Reaktionen spiegeln sie uns immer sehr deutlich. Man kann sich den Pferden gegenüber nicht verstellen oder ihnen etwas vorspielen, das nicht echt und authentisch ist. Die besondere Herausforderung bei der Arbeit mit Pferden ist es, diese Ehrlichkeit selbst zurückzugeben, immer korrekt zu reagieren, ohne je wütend oder ungerecht zu werden, und die individuellen Bedürfnisse des einzelnen Pferdes zu erkennen und im täglichen Umgang zu berücksichtigen. Dies erfordert eine große Bereitschaft dafür, sich selbst zu öffnen und das eigene Handeln zu reflektieren.

Es ist mir besonders wichtig, zu einem Pferd eine innige und freundschaftliche Beziehung aufzubauen, in der sich das Pferd wohlfühlt, Spaß hat und gerne mit mir kommuniziert. Nur so entsteht eine vertrauensvolle Atmosphäre, in der das Pferd seine Talente voll entfalten kann und in der es den Stolz und die Anmut, die es von Natur aus hat, voller Freude ausleben kann.

Mir geht es nicht in erster Linie um Leistungen und Erfolge, die ich mit dem Partner Pferd erreichen möchte, sondern um Freundschaft, Spaß und ein verständnisvolles Miteinander.

Pferde bedeuten für mich Leben!

TRADITION

G. Boiselle

„Andalusien", schon das Wort allein strahlt eine besondere Magie aus. Sofort denkt man an Sonne und Pferde, an Ferias und Strandritte, an Paella und weiße Dörfer, an wunderschöne Senoritas in Flamenco-Kleidern und Caballeros auf feurigen Hengsten. Wer jemals die Weite dieser Landschaft erlebt hat, wer einmal auf einem kraftvoll dahinfliegenden Hengst durch lilafarbene Blumenfelder galoppiert ist, wer die Sonne auf seiner Haut spürte und den Geruch der Erde und der Pferde eingeatmet hat, der ist für immer verloren. Er wird immer wieder zurückkommen in dieses Land, auf der Suche nach der Essenz des Lebens. Sein Herz wird sich den klagenden Klängen des Flamencos öffnen, es wird ihn immer wieder hinziehen, zu den Ferias mit ihrem überschäumenden Lebensgefühl. Das Klingeln der Glöckchen am prachtvollen Geschirr der Kutschpferde, die auf dem Corso auf- und abfahren, wird für ihn zur schönsten Musik, die ihn begleitet, wie eine Melodie, die man niemals vergisst. Andalusien, wer hat es nicht schon alles in Worten und Bildern heraufbeschworen?

ANDALUSIEN,
LAND DER PFERDE –
Kenzies
HEIMAT

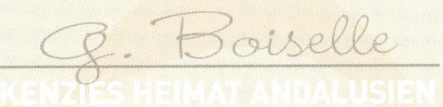

KENZIES HEIMAT ANDALUSIEN

MYTHOS ANDALUSIEN:
PFERDE UND STIERE

Dieses Land im Süden der iberischen Halbinsel ist eine faszinierende Welt für sich. Wo maurische Kultur ihre Blütezeit erreichte und das Christentum das Erbe dieser Kultur antrat, ihre Werte übernahm und es verschmolz zu einem eigenen Lebensstil. Hier hat die Zeit lange stillgestanden. In den Städten pulsiert das moderne Leben, draußen auf dem Land, hinter den Mauern der großen Fincas, hält man an den Traditionen fest. Man restauriert historische Kutschen und züchtet Pferde ihrer Schönheit wegen und man pflegt die Reitkunst anlässlich der Ferias, wenn die Damen mit traditioneller Traje im Damensattel paradieren. Andalusien ist vielfältig, schillernd und gleichzeitig herausfordernd. Doch diese typische Landschaft, vielfältig abgebildet in den Hochglanzbroschüren von Reiseveranstaltern, ist ein Land mit tiefen Traditionen, die geboren sind aus harter Arbeit. Der Arbeit des Rinderhirten, der bei jedem Wetter mit seinem Pferd draußen bei den Herden ist, der Arbeit

der vielen Lohnarbeiter beim Ernten der Oliven und Trauben und der Knochenarbeit der Bauern auf den glutheißen Feldern. Andalusiens Reichtum sind die Menschen, die ihr Land lieben, die Rinder und Pferde züchten, die ihre Traditionen mit großer Lebendigkeit leben und sich voller Lebensfreude auf den jährlichen Ferias zum gemeinsamen Feiern treffen. Und dort sind sie alle gleich: die Reichen und die Armen, die Tagelöhner und die Adligen, alle feiern sie gerne, sich selbst und das Land, das sie lieben.

In Andalusien gibt es eine Routa de Torros (Straße der Stiere). Sie reicht von Jerez de la Frontera über Arcos de la Frontera bis an die Küste in Algeciras. Hier werden nicht nur die berühmten schwarzen Kampfstiere gezüchtet, sondern entlang dieser Route findet man ebenso die einflussreichsten und ältesten Gestüte Spaniens. Pferde und Stiere sind in Andalusien untrennbar miteinander verbunden.

Herde von P.R.E.-Zuchtstuten der Yeguada Cardenas in Sora

G. Boiselle

Auf der uralten Finca „Los Alburejos", die von den Domecqs, einem der ältesten Adelsgeschlechter Andalusiens, bewirtschaftet wird, wurde die einzigartige Möglichkeit geschaffen, den imposanten Stieren und den manchmal sogar noch angriffslustigeren Kühen mit ihren Kälbern einmal nahezukommen. Dort zeigen Vaqueros in einer mehrstündigen Veranstaltung ihre Fertigkeiten im Sattel beim Umgang mit den Rindern und beim Trennen der Kälber von ihren Müttern. Zu Pferde wird eine große Rinderherde herangetrieben. Man sieht zuerst nur eine riesige Staubwolke, dann vibriert die Erde und die Vaqueros treiben mit ihren langen Stangen die Tiere in Richtung Corral. Auch die Dressur der Doma Vaquera wird in feinster Manier vorgestellt und wenn man Glück hat, dann reitet Don Alvaro Domecq selbst mit. Er war einer der berühmten Rejondadores (Stierkämpfer zu Pferde) in Spanien und hat zusammen mit seinem Vater die königliche Reitschule von Jerez de la Frontera gegründet. Zuschauer, die den Stieren zu nahe kommen, bittet man hinter die Absperrung zurückzutreten, denn mit den gehörnten Schwarzen ist nicht zu spaßen. Hier auf dem offenen Land, dem „Campo Abierto", spürt man die Lebendigkeit der alten Traditionen, denn hier ist vieles beim Alten geblieben. Geändert hat sich aber in jedem Fall die Rolle der Frau. Besonders Alvaro Domecq hat schon in den Anfängen der königlichen Reitschule Frauen einbezogen, da er ihre besondere Sensibilität und Begabung im Umgang mit den Pferden schätzte. War früher die Reiterei auch Ausdruck von Männlichkeit und sehr „macho", so geht es heute mehr um die Feinheit des Reitens und die Verbindung zum Pferd. Alvaro Domecq besitzt eine exzellente Pferdezucht mit besonderen Blutlinien reiner Stierkampfpferde und hat ein untrügliches Auge für herausragende Talente bei Mensch und Pferd. Auch Kenzies besonderes Talent ist ihm schon früh aufgefallen, da er sie von klein auf kennt. Magda Bayer-Dysli, Kenzies Mutter, hat ihm manchmal bei der Behandlung kranker Pferde geholfen.

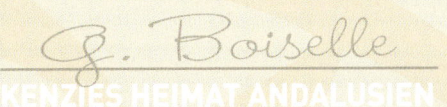
KENZIES HEIMAT ANDALUSIEN

So kam es, dass Kenzie bereits mehrfach Seite an Seite mit Alvaro und seinen Vaqueros bei den Vorführungen auf „Los Alburejos" mitgeritten ist und sich beim Rindertreiben bewähren konnte.

Jeder, der Kenzie Dysli im Sattel erlebt, spürt, dass er eine außergewöhnliche Reiterin vor sich hat. Daher ist es auch nicht verwunderlich, dass sie in der königlichen Reitschule von Jerez de la Frontera und in der portugiesischen Reitschule von Queluz ein gern gesehener Gast ist. Kenzie fühlt sich durch diese Aufmerksamkeit geschmeichelt, doch es ist nicht so ganz ihre Welt, denn sie ist ein zurückhaltender Mensch, der die leisen Töne liebt, genauso wie das freie Reiten ohne Sattel und Zaumzeug, was sich ein typischer Spanier so gar nicht vorstellen kann.

Kenzie mit Lusitano-Hengst Atila auf der Plaza de España in Sevilla

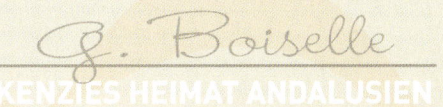
KENZIES HEIMAT ANDALUSIEN

FERIAS DEL CABALLO – GELEBTE ANDALUSISCHE TRADITION

Menschen werden nicht nur geprägt durch ihre Eltern und ihre Familie, sondern auch durch die Landschaft und die Mentalität, in der sie aufwachsen. So ist es ganz natürlich, dass auch für Kenzie Dysli Andalusien und seine Kultur, seine Pferde und seine Menschen ein wichtiger Bestandteil ihres Lebens sind. Sie liebt die Traditionen des Landes und besucht jedes Jahr die Feria de Caballo in Jerez de la Frontera oder in Sevilla, manchmal zu Fuß, manchmal selbst im Sattel ihres Hengstes Atila oder als Dame im Flamenco-Kleid hinter einem Caballero auf der Kruppe des Pferdes sitzend. Oft reitet sie mit ihrer ganzen Familie über den Corso und trifft überall Freunde und Bekannte.

Auf den Ferias herrscht eine ganz besondere Atmosphäre der überschwänglichen Lebensfreude, man isst und trinkt miteinander, redet mit Freunden über die Pferde und den Wein und es wird viel gesungen. Überall hört man fröhliches Lachen, und die Frauen in ihren engen Rüschenkleidern tanzen die Sevillana und klappern mit den Kastagnetten. Alle, die irgendein Reittier zur Verfügung haben, schwingen sich in den Sattel, doch es gilt eine feste Regel auf der Feria: Nur Menschen in Traje oder Reitkostüm dürfen am bunten Reigen teilnehmen. Man sieht prachtvolle Hengste mit wallenden Mähnen, aber auch ältere Pferde, geschmückte Mulis und Ponies. Man bestaunt kostbare Kutschen, vor die manchmal bis zu sechs prachtvolle andalusische Pferde gespannt sind, über und über mit klingenden Schellen und bunten Bommeln geschmückt. Reich und Arm geben sich hier ein Stelldichein. Alle sind sich einig: Feste muss man feiern, solange man kann. Hier im Süden war man schon immer sehr gastfreundlich, so sind auch die vielen Fremden aus aller Welt willkommen und werden eingeladen, mitzufeiern. Doch an den Wochenenden scheint so manches Mal der Strom an Touristen die Feria und die Einheimischen zu überschwemmen.

impressions

G. Boiselle
KENZIES HEIMAT ANDALUSIEN

Kutschenkorso in der Stierkampfarena von Sevilla

EL ROCIO –
DIE WALLFAHRT ZU PFERDE

Es gibt eigentlich nur ein traditionelles Ereignis im Jahr, bei dem die „Andalusier" noch weitgehend unter sich sind: Die Wallfahrt nach El Rocio, die jedes Jahr zu Pfingsten stattfindet. Ihr Ursprung soll bis ins 13. Jahrhundert zurückreichen, als Alfonso X, der Weise, seine Erfolge bei der christlichen Eroberung der damals maurischen Gebiete mit der Errichtung von Kirchen und Marienstatuen entlang der Eroberungslinie markierte. Daraus entstand die Wallfahrtskirche Ermita del Rocio, die der Heiligen Jungfrau geweiht ist. In ganz Spanien gibt es über 100 Hermandades del Rocio, Bruderschaften, die seit Jahrhunderten auf dem traditionellen Weg, dem Camino, nach El Rocio pilgern und sich viele Wochen im Voraus auf diese beschwerliche Reise vorbereiten. Sie marschieren oft zu Fuß neben den geschmückten Wagen her, die von prächtigen Ochsen oder Mulis gezogen werden und die Marienfigur der örtlichen Kirche beherbergen. Ihre Madonnen kommen mit auf die Wanderschaft, um erneut den Segen zu erhalten und sie zu beschützen. Die Wallfahrer machen sich auf einen langen Weg, bei dem auch der Fluss Guadalquevier überquert werden muss. Begleitet wird die Prozession von Mitgliedern der Bruderschaften zu Pferde. Vor der Kathedrale von Rocio versammeln sich alle in der Nacht zu Pfingstsonntag, um von der Statue der Heiligen Jungfrau von Rocio, die von den Pilgern Blanca Paloma (Weiße Taube) genannt wird, jedes Jahr erneut den Segen zu erbitten. Dann geht es auf demselben mühseligen Weg zurück nach Hause.

Um den Bruderschaften und Pilgern den Weg frei zu machen, öffnet man jedes Jahr den Nationalpark der Donana. Alle, die aus dem Süden kommen, müssen mit einer Fähre in San Luca de Barrumeda übersetzen und brauchen dazu eine Erlaubnis. Nur wer bei einer der Bruderschaften gemeldet ist, darf sich an der Prozession beteiligen, die sich über drei Tage lang durch absolut unwegsames Gelände auf Sandwegen nach El Rocio bewegt. Es wird gesungen, gebetet, getrunken und geritten bis spät in die Nacht. Manchmal bleiben die Ochsenkarren stecken und müssen wieder aus den tiefen Wegspuren herausgezogen werden. Dabei helfen natürlich alle mit. Bis in die frühen Morgenstunden hört man die wehklagenden Gesänge des Flamencos, das rhythmische Klatschen der Hände, das Tambourin und das Klappern der Kastagnetten. Diese Wallfahrt ist kein Spaziergang, denn die Sonne brennt unerbittlich auf Mensch und Tier herab. Der aufgewirbelte Staub und Sand brennt in den Augen und die traditionellen Kleider sind schnell durchgeschwitzt. Doch die Strapazen schweißen die Menschen zusammen, nirgendwo sonst ist Hilfsbereitschaft und Freundlichkeit so selbstverständlich, alle fühlen sich wie Mitglieder einer großen Familie. Wenn man die Augen schließt, dann kann man fast glauben, in eine andere Zeit zurückversetzt zu sein.

Niemand, der jemals diese Wallfahrt miterlebt hat, wird sie vergessen. Daher war es auch für die kleine Kenzie ein sehr intensives Erlebnis, als sie mit fünf Jahren zum ersten Mal daran teilnahm. Sie bekam ein wunderschönes rotes Flamenco-Kleid, saß hinter ihrer Mutter auf dem Pferd und erlebte damals ihre erste Romeria nach El Rocio.

Natürlich ist es bei diesem ersten Mal nicht geblieben, doch für Kenzie ist es immer wieder ein ganz besonderes Ereignis, an dem sie gerne teilnimmt.

HACIENDA BUENA SUERTE
– EIN BESONDERER ORT

Wenn man von Jerez de la Frontera in Richtung Ronda fährt, kommt man an die Ausläufer der Sierra Grazalema. Auf kleinen gewundenen Straßen wird man am Fuße des Gebirges entlanggeführt, vorbei an fruchtbaren Weizenfeldern und an alten, knorrigen Olivenbäumen. Das Städtchen Villamartin liegt auf einem Hügel, gleißend weiß in der Sonne mit seinen kubischen Häusern. Ein heißer Wind ist spürbar, der über die Felder fegt, dazu die Symphonie der Zikaden und die unerbittliche Sonne an einem makellos blauen Himmel ohne jede Wolke. Da, in einer der unzähligen Kurven, taucht ein großer weißer Torbogen auf: „Hacienda Buena Suerte" – die Hacienda des Guten Glücks! Oft entscheidet sich ein Vorbeifahrender spontan, auf die staubige Piste abzubiegen, er will wissen, wo das Glück wohnt.

Vorbei an rot blühenden Mohnfeldern, durch eine Allee von alten Olivenbäumen, Schlagloch nach Schlagloch nähert er sich dem Haupthaus, das wie eine Festung auf einem Hügel liegt. Umrandet von hohen Palmen, die sich leicht im Wind wiegen, umgeben von Bouganvilla-Hecken und bunten Blumenstauden ist es eine grüne Oase, die den Neuankömmling magisch anzieht. Doch es gibt keine direkte Einfahrt. Als wolle das Haus sich schützen, gibt es auf den ersten Blick nur seine Mauern preis. Der Besucher wird nach rechts geführt, muss halb um den Hügel herumfahren und gelangt zu den mit weißen Mauerbögen versehenen Stallungen. Ein kleiner Laubengang spendet Schatten, auf einem Strohballen räkelt sich eine Katze.

Einige Pferde schauen dem Neuankömmling neugierig entgegen: Obwohl es dem Besucher vielleicht nicht bewusst ist, so ist er doch im Herzen der Hacienda angelangt, bei den Pferden. Um diese Bewohner dreht sich hier das ganze Leben: mächtige Lusitanos mit Ramsnasen, Quarterhorses mit feinen Köpfen, zierliche Jungpferde, markante Andalusier. Sie bilden sozusagen das Empfangskomitee. Wiehern oder schnauben freundlich, wenn sie nicht gerade Siesta halten.

HACIENDA BUENA SUERTE

Die Familie Dysli: (von links) Lea Goldberg, Kenzie Dysli mit James, Stefan Baumgartner, Magda Bayer-Dysli, Dennis Grzesczak und Raphael Dysli

Die Szene ist friedlich, fast verschlafen. Ein Sattel hängt auf einem Balken, eine Trense am Haken. Ein paar Hunde dösen im Hof, von denen sich vielleicht einer mal anstrengt, den Kopf zu heben und ein halbherziges Bellen anzudeuten. Pfaue stecken ihren Kopf ins Gefieder und schlafen auf der Mauer. Gänse marschieren im Schatten an den Pferdeboxen vorbei und suchen nach ein paar Haferkörnern, die den Pferden aus dem Maul gefallen sein könnten. Im Gitterrahmen eines Fensters hat sich eine Katze in den Schatten gedrückt und schaut den Fremden durch ihre halbgeschlossenen Augen misstrauisch an. Stille liegt über der Hacienda. Von den Tieren abgesehen scheint das Anwesen verwaist.

Neugierig wagt sich der Besucher weiter. Der große quadratische Platz zwischen dem Haupthaus und den Stallungen wird beherrscht von einer riesigen Palme, umgeben von einem Wasserbecken. Dort stehen einige Stühle, und leere Kaffeetassen deuten darauf hin, dass es hier wohl Menschen geben muss. Vielleicht drüben im Haupthaus? Die Überquerung des Sandplatzes, der in der Sonne glüht, ist wie eine Wanderung durch die Wüste. Aber hinter der blau gestrichenen Tür unter der violett-roten Bouganvilla-Hecke, die die gesamte Vorderseite des Gebäudes einnimmt, hört der Suchende Stimmen und Geräusche. Je mehr er sich darauf zubewegt, umso mehr unterscheidet er Kinderlachen, Hundegebell und Geschirrklappern. Er hat Durst, hofft auf ein kühles Getränk.

G. Boiselle
KENZIES HEIMAT ANDALUSIEN

Magda Bayer-Dysli auf P.R.E. Chano und Kenzie auf Lusitano Zimbro

Die Türklinke ist fast zu heiß zum Anfassen, doch als er die klemmende Pforte dann aufgestoßen hat, glaubt er, eine andere Welt zu betreten: Der Innenraum ist kühl und dunkel, die großen Steinfliesen sind ein angenehmer Kontrast zum heißen Sand. Doch das Schönste ist die wundervolle Energie, die diesen Raum anfüllt: viele Menschen im Gespräch oder beim Essen, mit Reitstiefeln und Westernhut, sonnenverbrannt, und alle mit einem glücklichen Ausdruck auf dem Gesicht – ein wahrlich besonderer Ort. Dann kommt eine zierliche Frau mit langen dunklen Haaren und strahlendem Lächeln auf den Besucher zu und fragt – nein, nicht, was er für ein Anliegen hat, sondern ob er durstig ist! Orientalische Gastfreundschaft – was für ein Ort!

An der wuchtigen Bar mitten im Raum bekommt der Besucher nicht nur Wasser, sondern jede Art von kühlen Getränken. Der hochgewachsene, kräftige Mann hinter der Bar zieht ihn mit tiefer Stimme sofort witzig und charmant ins Gespräch, während er die Gläser füllt. Unser Besucher fühlt sich sofort wie zu Hause.

Die sonnengebräunte Frau ist die Herrin des Hauses, Magda Dysli, immer in einem modisch eigenwillen Outfit unterwegs. Ihr Lebensgefährte Stephan Baumgartner ist der Mann hinter der Bar. Schnell lernt der Neuankömmling den Rest der Familie kennen: Raphael Dysli, der Sohn von Magda, kommt mit klingenden Sporen durch die Tür. Moritz, ihr zweiter Sohn, regelt noch die Zimmerverteilung.

impressions

G. Boiselle
KENZIES HEIMAT ANDALUSIEN

Dann geht die Schwingtür der Küche auf und ein zierliches Persönchen kommt mit viel Elan und einer großen Platte leckerer Gambas in den Raum und stellt sie elegant auf dem Buffet ab, das voller herrlicher Sachen ist. Sie lächelt, durchquert den Raum und der Besucher blickt ihr unwillkürlich gebannt nach. Das ist Kenzie Dysli mit ihren wilden Locken, die jüngste Tochter, die sich wie die gesamte Familie auf der Finca engagiert, wenn sie nicht gerade Seminare gibt, Filme macht oder, was noch häufiger vorkommt, auf dem Pferd sitzt.

Kennt der Besucher sie von ihren Auftritten auf der Equitana oder anderen Pferdeshows – hat er bereits gesehen, wie sie ihren Hengst Atila ohne Sattel und Zaumzeug mühelos Pirouetten und Galoppwechsel springen lässt, dann schaut er ihr nur noch erstaunter hinterher. Dieses zierliche Persönchen soll die Autorität und Power haben, mit so temperamentvollen Hengsten umzugehen, sie auszubilden und vorzustellen? Wie kann das möglich sein? Sobald er aber einige Tage auf der Finca verbracht hat, beginnt er zu begreifen, dass hier mehr dahintersteckt, als nur gute Reitkunst.

Kenzie selbst sagt, dass sie nicht nur auf der Finca aufgewachsen, sondern auch mit ihr verwachsen sei: „Hier ist meine Heimat. Andalusien hat mich geprägt. Die Sonne, der Geruch der Erde, die Herzlichkeit der Menschen, die Geborgenheit meiner Familie und die Liebe zu den Pferden."

Der Besucher begegnet Kenzie überall auf der Finca: Sie wäscht ihr Pferd nach getaner Arbeit selbst ab, führt es in den Roundpen, damit es sich wälzen kann. Sie kümmert sich um das Fohlen, das seine Mutter verloren hat und alle zwei Stunden seine Milch aus der Flasche braucht. Sie ist in der Küche, um das Essen vorzubereiten, begrüßt Gäste und verteilt nebenbei das Heu. Immer dabei, auf dem Arm oder flink wie ein Wiesel an ihren Fersen, ein kleines Etwas, genannt Chili. Eine schwarz-weiße Chihuahua-Papillon-Hündin, die sich selbst aber für eine große Dogge hält und furchtlos alle anbellt, die Kenzie schief anschauen könnten. Ob auf dem Pferd oder in der Reisetasche im Flugzeug – Chili ist Kenzies Schatten. Seit ihrer frühesten Kindheit wird dieses Mädchen von allen möglichen Tieren umringt, von Hunden, Katzen, Schlangen oder Vögeln. Ihre Ausstrahlung scheint fast magnetisch zu sein. Und es stimmt, sie strahlt etwas Besonderes aus, etwas, das heute nur noch selten zu finden ist: eine Art Klarheit und Reinheit des Herzens, die jeden Menschen berührt, der sie trifft. Doch sie schüttelt ihre Locken und lacht, so was will sie gar nicht hören. Für sie ist ihr Leben normal und einfach. Sie will mit den Pferden arbeiten und leben, das ist „alles"!

Verbringt der Besucher, nun längst kein Fremder mehr, also einige Tage auf der Hacienda, sieht er nicht nur Kenzie mit anderen Augen. Er beginnt vielmehr zu verstehen, dass nur eine Kraft, die aus der Tiefe des eigenen Seins kommt, Dinge bewegen kann. Er begreift auch, dass auf einem Pferd zu sitzen nicht nur bedeutet, an einem Zügel zu ziehen und die eine oder andere Reittechnik zu erlernen, sondern dass sich der Reiter hineinfühlen muss in das Wesen Pferd. Er muss sich mit dem Inneren des Pferdes verbinden, um dessen Äußeres zu bewegen.

Kenzie mit ihrem Bruder Raphael und seiner Lebensgefährtin Lea Goldberg

G. Boiselle
KENZIES HEIMAT ANDALUSIEN

Jetzt hat er verstanden, warum die Hacienda ein Ort ist, zu dem es die Menschen, die einmal hier waren, immer wieder zurückzieht – aus vielen verschiedenen und oft ganz individuellen Gründen. Doch es ist vor allem die Offenheit und Toleranz der Familie Dysli, die den Menschen hier den Freiraum für das Sein und für das Nichtstun gibt. Die Dyslis haben einen Ort der Ruhe und Gelassenheit geschaffen, der seinesgleichen sucht und mit den meisten Reit- und Ferienanlagen nicht zu vergleichen ist. Reiter besticht das vielfältige Angebot an Aktivitäten rund ums Pferd: das Westernreiten, die iberische Reitweise, Natural Horsemanship, Geländeritte oder die Möglichkeit, einfach mit den Pferden zusammen zu sein. Was immer man hier auch lernt, es wird stressfrei und liebevoll vermittelt. Wer es hingegen lieber ganz locker angehen will, der legt sich an den Pool. Zweifellos sind die Pferde der Mittelpunkt des Hacienda-Lebens. Sie erden die Menschen und verändern das gesamte Energiefeld. Dass es ihnen gut geht und sie ganz individuell nach ihrem Charakter und ihren Talenten beschäftigt und gefördert werden, ist das Anliegen aller, die hier arbeiten. Magda Dysli hat eine besondere Fähigkeit des Helfens und Heilens. Sie nimmt oft kranke Pferde auf, um sie zu pflegen, und es kommen immer wieder Straßenhunde oder andere kranke Tiere zu ihr, die sie dann betreut und weitervermittelt.

Die Hacienda Buena Suerte ist ein Ort, an dem vieles wieder ganz werden oder sich regenerieren kann, auf vielen verschiedenen Ebenen. Oben auf dem Berg über der Hacienda gibt es einen Kraftplatz, an dem der Besucher allein mit sich sein und den wundervollen Blick über die weite Ebene Richtung Jerez de la Frontera genießen kann. Hier herrscht Stille. Nur ein paar Pferde weiden in der Nähe und schauen manchmal herüber …

G. Boiselle

Es wird mir immer in Erinnerung bleiben, mit welcher Kraft es Kenzie schon als kleines Kind zu den Pferden hinzog. Einer der schönsten Orte der Hacienda Buena Suerte war schon immer die Stutenweide hoch oben auf dem Berg. Ihr Vater, Jean-Claude Dysli, hatte die kleine Kenzie, die noch nicht laufen konnte, auf seine Schultern gesetzt und wir gingen im letzten Abendlicht den ausgewaschenen Weg nach oben, um noch einige Fotos zu machen.

Dort erwarteten uns schon die Quarter Horse-Stuten aus der eigenen Zucht mit ihren Fohlen und kamen neugierig auf uns zu. Jean-Claude setzte sich auf einen Stein und hielt Kenzie auf seinen Knien, doch das kleine Energiebündel wollte nicht festgehalten werden und zappelte wild. Mit ganzer Kraft warf sie sich den Pferden entgegen. In der einen Hand ihren Teddy, griff sie mit der anderen Hand die Nüstern einer Stute und drückte ihr einen dicken Kuss auf die Nase. Dabei quietschte sie vor Freude. Sie kannte keine Angst, keine Scheu, ihr ganzer Körper strebte nur den Pferden zu. Und die Pferde wurden neugierig und wollten dieses kleine Wesen unbedingt kennenlernen. Plötzlich waren wir umringt von der ganzen Herde und im Mittelpunkt ihres Interesses stand dieses kleine Mädchen mit der großen Persönlichkeit. Ein unvergesslicher Augenblick für alle.

Kenzie
KINDHEIT
AUF DEM PFERDERÜCKEN

G. Boiselle
KINDHEIT AUF DEM PFERDERÜCKEN

Das Schicksal hatte Kenzie bestimmt, in eine Familie hineingeboren zu werden, in der es fast ausschließlich um Pferde ging. Schon bevor sie geboren wurde, lernte sie im Bauch ihrer Mutter die rhythmischen Bewegungen beim Reiten kennen. Als sie dann auf der Welt war, wurde ihrer Familie sehr schnell klar, dass dieses kleine Mädchen ganz intuitiv wusste, wie man mit Tieren kommuniziert. Und da sie immer schon ein sehr eigenwilliges Wesen war, fand sie auch Mittel und Wege, ihren Willen durchzusetzen. Und was sie wollte, war klar: auf den Rücken der Pferde zu gelangen.

In den ersten Jahren nahm sie es noch hin, dass sie nicht alleine, sondern nur im Sattel mitreiten durfte. Dabei lernte sie – noch fest im Arm ihrer Mutter Magda – wie unterschiedlich sich Schritt, Trab und Galopp anfühlten, ohne das Wort dafür zu kennen. Sie erspürte den Rhythmus und das Tempo und wenn Magda galoppierte, jauchzte sie laut. Sie erfuhr aber auch, dass man sich verschiedenen Pferden anzupassen hatte und seinen Sitz ändern musste. Doch bald schon wollte Kenzie ganz alleine im Sattel sitzen und selbst die Zügel in der Hand halten. Sie wollte selbstständig bestimmen, was das Pferd tun sollte. Und da ihre körperliche Kraft nicht ausreichte, um so ein großes Tier zu bewegen, bediente sie sich ihrer Stimme und ihrer willensstarken Konzentration, um die gewünschte Reaktion zu erreichen. Wie beeindruckend ihre natürliche Autorität und ihr Durchsetzungsvermögen schon in jungen Jahren ausgeprägt waren, erzählte Kenzies Mutter in einer sehr anschaulichen Anekdote:

Als Kenzie gerade 5 Jahre alt war, nahm Magda ihre Tochter mit auf einen gemütlichen Ausritt. Sie saß stolz auf der älteren und eigentlich sehr braven Stute Contessa, die als Handpferd mitlief. Doch plötzlich und völlig unvorhersehbar fing die Stute an zu bocken – vielleicht war sie gestochen worden oder einfach übermütig geworden. Noch bevor Magda eingreifen konnte, rief Kenzie energisch und mit großer Entschlossenheit „QUIT – Schluss jetzt!". Beide – ihre Mutter und die Stute – waren gleichermaßen überrascht und die Stute stand sofort ruhig da und schaute sich verblüfft nach ihrer Reiterin um. Kenzie hatte absolut keine Angst auf dem wild herumspringenden

Pferd, sondern sie wusste intuitiv, was sie tun musste, um mit Contessa nach dem Ungehorsam wieder in aufmerksame Verbindung zu treten. Danach konnten sie ihren Ausritt ganz entspannt fortsetzen – alle drei hatten etwas dazugelernt.

Zu Contessa hatte Kenzie eine sehr vertrauensvolle Beziehung, doch der große Fuchshengst Doctor Bond mit seiner einzigartigen Ausstrahlung und Souveränität hatte es Kenzie besonders angetan. Sie war geradezu vernarrt in den schönen Quarter Horse-Hengst ihres Vaters. Jeden Tag besuchte sie ihn in seiner Box und hatte immer etwas Leckeres dabei. Gebannt verfolgte sie die Trainingsstunden ihres Vaters mit dem Pferd, und natürlich wünschte sie sich nichts sehnlicher, als allein auf den Rücken dieses Pferdes zu steigen. Doch beide Elternteile waren überzeugt, dass er kein ideales Reitpferd für eine Sechsjährige sei. Ausgerechnet an einem Tag, als Doctor Bond einige Zeit nicht geritten worden war und Magda ihn im Roundpen zum ersten Mal wieder ritt, hatte sich Kenzie in den Kopf gesetzt, ihn an diesem Tag unbedingt zu reiten.

Kenzie als kleines Mädchen mit Doctor Bond und ihren Eltern

G. Boiselle
KINDHEIT AUF DEM PFERDERÜCKEN

Dabei zeigte sich der Hengst in diesem Moment nicht gerade von seiner besten Seite: Die Jungstuten im angrenzenden Corral standen am Zaun, um sich den schicken Mann einmal aus der Nähe anzuschauen, wodurch dieser natürlich animiert wurde, sich mächtig aufzubauen. Wahrscheinlich gefiel Kenzie seine Wildheit und sie fühlte sich noch mehr herausgefordert, ihren Willen durchzusetzen. Magda resignierte irgendwann, obwohl ihr nicht ganz wohl bei der Sache war und hob Kenzie in den Sattel von Doctor Bond. Der Hengst spürte sofort, dass er nun eine besondere Aufgabe hatte und die Jungstuten waren schnell vergessen. Magda führte ihn einige Runden mit ihrer Tochter im Sattel herum. Doctor Bond wurde sofort ganz ruhig, ließ sich nicht ablenken und konzentrierte sich nun auf eine ganz andere Aufgabe: Er musste auf das kleine Menschenkind „aufpassen", das auf seinem Rücken saß. So konnte Magda letztendlich die Zügel loslassen und Kenzie hatte ihr Ziel erreicht. Und ohne es zu ahnen, war sie damit gleichzeitig auch am Anfang ihres eigenen Lebensweges auf dem Rücken der Pferde. Die beiden wuchsen in den nächsten Jahren eng zusammen. Doctor Bond war für Kenzie Zeitvertreib, Kindermädchen und zugleich, neben ihren Hunden, der beste Freund. Und natürlich war er für die junge Reiterin ein hervorragender Lehrer mit unendlicher Geduld.

Wie sagt man so schön: „.... das Kind hat seine Begabung nicht gestohlen." In Kenzies Fall legten beide Elternteile dem kleinen Mädchen ganz verschiedene Komponenten in die Wiege.

Ihr Vater Jean-Claude Dysli ist ein waschechter Cowboy, der zwar in der Schweiz geboren wurde und auch dort aufgewachsen ist. Doch bald zog es ihn in die Ferne nach Amerika, um in Kalifornien als „Cowboy-Lehrling" anzufangen und als Buckaroo die harte Realität der Rinderarbeit kennenzulernen. Er ritt Hunderte, wenn nicht sogar Tausende von Pferden und hat sich mehrfach etliche Knochen beim Einreiten von Wildpferden gebrochen, bis er lernte, dass es auch anders gehen kann – ohne Kampf und ohne Gewalt, dafür mit Respekt und Einfühlungsvermögen. In den 1980er-Jahren brachte er als Erster das Westernreiten und die Quarter Horses nach Europa und hat wichtige Pionierarbeit für die Anerkennung dieser Reitweise geleistet.

Die Ranch, die er sich in den USA aufgebaut hatte, gab er auf und kaufte mit seiner zweiten Frau Magda Bayer-Dysli die Hacienda Buena Suerte, wo beide ein Gästehaus und eine Quarter Horse-Zucht aufbauten.

Jean-Claude ist in seinem Erscheinungsbild der Prototyp eines Cowboys: wettergegerbt, zäh, drahtig, ruhig, immer einen großen Westernhut auf dem Kopf, im Gesicht ein buschiger Schnurrbart und ein verschmitztes Lächeln. Dazu sein breitbeiniger Gang und der Schweizer Dialekt, den man als Akzent immer wieder durchhört, egal ob er gerade Deutsch oder Englisch spricht. Er ist mit jeder Faser eine sehr eigenwillige Persönlichkeit, mit vielen Ecken und Kanten und so manchen Widersprüchen.

G. Boiselle
KINDHEIT AUF DEM PFERDERÜCKEN

Jean-Claude Dysli im altkalifornischen Reitstil

Mit über 80 Jahren sitzt er heute immer noch wie angewachsen im Sattel und gibt sein umfassendes Wissen in zahlreichen Seminaren weiter.

Vermutlich hat Kenzie ein Stück ihrer Eigenwilligkeit von ihrem Vater geerbt. Sie ließ sich schon als Kind ungern etwas sagen oder Vorschriften machen. Dafür lernte sie umso mehr durch das genaue Beobachten und durch eigenständiges Ausprobieren. Immer, wenn ihr Vater oder ihre Mutter mit den Pferden arbeiteten, war Kenzie dabei, schaute zu und lernte, ohne dass sie sich hätte darum bemühen müssen, es floss in sie hinein. Am wichtigsten war ihr jedoch immer, alles selbst zu versuchen und für sich selbst Lösungen zu finden. Bei vielen Versuchen standen den Erwachsenen die Haare zu Berge, vieles haben sie nicht gesehen, was wohl auch besser war.

JEAN-CLAUDE DYSLI
über *Kenzie*

Kenzie war schon immer in Pferde vernarrt, sie war noch keine zwei Jahre alt, da wollte sie reiten! Manchmal setzte ich sie vor mir in den Sattel, dann ging es ihr oft nicht schnell genug, wir mussten galoppieren. Sie strahlte dabei über das ganze Gesicht und juchzte laut vor Begeisterung. Von da an war ich mir sicher, dass sie auch einmal eine begeisterte Reiterin werden würde. Gerade 7 Jahre alt, ritt sie meinen Hengst Doctor Bond ohne Sattel und nur mit einem Stallhalfter. Es war faszinierend zu beobachten, mit welch einer perfekten Balance die kleine Kenzie auf dem Hengst saß, als sei sie dort geboren worden.

Von da an begann Kenzie ganz selbstständig mit den Pferden zu arbeiten, sie ritt sie nicht nur, sie schulte sie. Ihre Mutter kaufte ihr dann einen schwarzen Tres Sangres-Hengst, den Kenzie James nannte. Eigentlich war er ein ruhiges Pferd, konnte aber auch sehr hengstig werden und stieg dann gerne. Wir hatten daher Bedenken, dass er zu einer Gefahr für Kenzie werden und ihr etwas passieren könnte. Nie hätte ich mir einen möglichen folgenschweren Unfall verzeihen können. Doch über eine Kastration war mit Kenzie nicht zu reden, sie liebte ihren wilden schwarzen Hengst. So mussten wir es heimlich machen, als sie in der Schule war. Klar, dass Kenzie außer sich war und wochenlang nicht mit uns sprach. Keine Ahnung, ob sie es uns jemals verziehen hat, doch sie kam darüber hinweg. Was viel wichtiger war, sie konnte mit dem Wallach James viele Dinge machen, für die ein Hengst nicht geeignet gewesen wäre.

Schon als Teenager konzipierte Kenzie mit James ihre eigene „Show". Im wahrsten Sinne des Wortes, denn sie überraschte unsere ganze Familie mit perfekt inszenierten Vorführungen. Es war ihr unheimlich wichtig. Wir hatten alle mäuschenstill zu sein, während sie uns mit viel Können und Begeisterung die Fortschritte in der Ausbildung ihres James präsentierte. Sie versetzte uns alle in großes Erstaunen mit ihrem außerordentlichen Talent. Das war erst der Anfang: Kenzies Leistungen erreichten im Laufe der Jahre einen Standard, der seinesgleichen sucht. Doch es gehört mehr als Begabung und Spaß dazu. Jeder, der mit Pferden arbeitet, weiß, dass sehr viel Arbeit und Fleiß dahintersteckt. Kenzie hat eine Verbissenheit und einen Willen, mit dem sie in Kombination mit ihrem Talent und einer spielerischen Kreativität uns alle in Zukunft weiterhin in Atem halten wird.

Ich bin sehr stolz auf meine Tochter!
Jean-Claude Dysli

G. Boiselle
KINDHEIT AUF DEM PFERDERÜCKEN

Kenzies Mutter Magda Bayer-Dysli ist eine ungewöhnliche und temperamentvolle Frau. Sie ist Kinesiologin und Heilpraktikerin. Ihre Mutter stammt aus der Schweiz und ihr Vater ist Ägypter, der als Professor für Physik lange Zeit in der Schweiz lebte. Ihre Kindheit verbrachte sie in Alexandria und ritt in Kairo im Schatten der Pyramiden. Diese Mischung der Kulturen und ihre Erfahrungen in der arabischen Welt haben Magda geprägt und zu einem weltoffenen, toleranten Menschen gemacht. Ihre jetzige Heimat Andalusien liebt sie nicht zuletzt wegen der maurischen Kultur und dem südländischen Flair. Dort hat sie sich mit ihrer Familie den Lebenstraum vom naturnahen Leben in Harmonie mit den Tiere erfüllt.

Von ihrer Mutter hat Kenzie sicherlich das besondere Einfühlungsvermögen und die Fähigkeit, ganz intuitiv und fast ohne Worte mit den Pferden und Tieren zu kommunizieren. Schon früh hat Magda die Fähigkeiten ihrer Tochter erkannt und stetig gefördert. Durch sie hat Kenzie auch ihre Liebe zur Doma Vaquera und zum Natural Horsemanship entdeckt und ihre reiterlichen Fähigkeiten immer weiter verfeinert. Obwohl Magdas besondere Liebe den Lusitanos gilt, ist sie doch auch in der altkalifornischen Westernreitweise aktiv, bildet Jungpferde aus und unterrichtet die Feinheiten beider Reitweisen – der amerikanischen und der spanischen. Oft sieht man sie auf ihrem jungen Lusitano-Hengst Duque mit der Garocha tanzend auf dem Reitplatz oder mit dem Quarter Horse-Zuchthengst Boons Royal Legacy Spins und Stops trainierend. Diese Offenheit gegenüber allen Reitweisen und der faire und freundliche Umgang mit dem Partner Pferd ist allen Mitgliedern der Familie Dysli ein sehr wichtiges Anliegen. Für Kenzie ist diese Grundeinstellung zu den Pferden ganz selbstverständlich. Sie ist damit aufgewachsen, Pferde als ein Geschenk zu betrachten, mit dem man sorgsam umgeht.

So geduldig Kenzie mit Tieren sein konnte, so ungeduldig war sie mit Menschen, besonders wenn sie ihr etwas verbieten wollten. Sie liebte es, für sich allein zu sein und niemand wusste, wo sie war. Ein Albtraum für jede Mutter. Kenzie war als Kind ein unbändiger Wildfang, der auf der Hacienda die größte und schönste Spielwiese hatte, die man sich denken kann, mit allen möglichen Tieren und natürlich den Pferden.

MAGDA BAYER-DYSLI
ÜBER *Kenzie*

Der Name Kenzie bedeutet im Arabischen „mein Schätzchen" – und genau dies war und ist meine Tochter für mich. Als Gabriele mich fragte, ob ich für das Buch ein paar persönliche Worte über Kenzie schreiben möchte, wusste ich, dass es mir sicher nicht gelingen würde, dabei objektiv zu bleiben, denn als Mutter ist man immer und vorbehaltlos stolz auf seine Kinder. Kenzie war von klein auf ein ganz besonderes Kind, das schon im Krabbelalter eine besondere Anziehungskraft auf Tiere ausübte.

Ich beobachtete zum Beispiel einmal ganz erstaunt, dass sich ein kleiner Spatz auf Kenzies Arm setze, um in aller Ruhe ein paar Krümel von ihrem Lätzchen aufzupicken. Mein kleines Mädchen schaute ihm interessiert zu und der Vogel schien sich völlig wohl und sicher zu fühlen. Doch ihre wahre Begabung im Umgang mit Tieren kommt besonders im Umgang mit Pferden und Hunden zum Vorschein. Dabei zeigte sie schon immer ein Wissen und eine Kompetenz, die sie nicht erlernt haben konnte, ein Wissen, das tief aus ihrem Innern zu kommen schien und uns als Familie oft erstaunt hat.

Eine solche Begabung zu haben ist nicht nur ein Segen, sondern auch eine Herausforderung und ich sehe mit Freuden, dass Kenzie diese unerschrocken annimmt. Natürlich ist Kenzie auch ein ganz normales Kind gewesen, das manchmal trotzig und bockig war, die Schule geschwänzt hat und sich so manchen Schabernack hat einfallen lassen. Am liebsten zog sie ihre über alles geliebte und schon völlig durchlöcherte, alte Leggins an, die ihr mittlerweile viel zu klein war. Und jedes Mal, wenn ich sie entsorgen wollte, „rettete" Kenzie die Leggins wieder aus dem Müll. Sie war ein wildes kleines Mädchen – dies war oft genug eine große Herausforderung für alle in der Familie. Wir sind froh, dass aus dem Wildfang eine wundervolle junge Frau geworden ist.

Mit 16 Jahren stellte Kenzie zum ersten Mal ihren James auf der Feria del Caballo in Villamartin vor. Sie ritt anspruchsvolle Lektionen ohne Zaumzeug und Sattel und unter den Zuschauern raunten zwei Reitschüler von mir: „… und wir schaffen das nicht einmal mit vier Zügeln …" Nach diesem ersten Erfolg folgten viele Auftritte in Spanien und Deutschland, bei denen Kenzie und James viele Menschen buchstäblich zu Tränen rührten. Anfang 2012 begleitete ich Kenzie zu ihrem allerersten Seminar nach Deutschland, das von der Zeitschrift Cavallo organisiert worden war und vor ca. 100 Teilnehmern stattfand. Ich war genauso nervös wie Kenzie und bestand darauf, dass ich ein zweites Mikrophon erhielt, damit ich einspringen und Kenzie helfen konnte, falls sie unsicher werden würde. Bei der ersten kritischen Frage aus dem Publikum sprang ich auf und griff zum Mikrophon, fest entschlossen, ihr zu helfen, blieb dann aber wie erstarrt stehen, als ich Kenzies Stimme klar und deutlich aus den Lautsprechern hörte. Sie erklärte dem Herrn ohne Umschweife und vollkommen überzeugend ihre Methode und das Wieso und Warum, so dass sich jede weitere Frage erübrigte. Ich war sprachlos darüber, wie konstruktiv und folgerichtig sie alles erklären konnte. Dies ist eine Begabung von Kenzie, die mir bisher verborgen geblieben war. Ich kam zu dem Schluss, dass ein Wissender wohl nicht so leicht zu verunsichern ist und kritische Fragen eher als Herausforderung für sich selbst sieht.

Was das Leben uns bringt, hängt in erster Linie davon ab, was wir selbst in unser Leben hineinbringen. Manch einer kann sich nun vorstellen, wie übermäßig stolz ich auf meine „kleine" Kenzie bin.

Ich wünsche meiner Tochter, dass sie ihren eigenen Weg findet in dieser Welt der echten und unechten Gurus und dass ihre Herzenswünsche in Erfüllung gehen.

Magda Bayer-Dysli

Kenzie
MEINE JUGENDZEIT MIT JAMES

Als ich neun Jahre alt war, trat James in mein Leben und veränderte es. Er war wie ein Fixstern, der mich geleitet und dahin gebracht hat, wo ich heute stehe. Dabei war er nur eine Zugabe zu einer Stute, die meine Mutter kaufen wollte. Sie war auf der Suche nach einem neuen Schulpferd für unseren Unterricht in der Doma Vaquera. Damals lag der Schwerpunkt unseres Reitbetriebs durch meinen Vater noch sehr viel mehr auf dem Unterrichten des Westernreitens und der Zucht von Quarter Horses. Meine Mutter wollte jedoch gerne das Reitprogramm erweitern und unseren Gästen auch die Möglichkeit bieten, die spanische Arbeitsreitweise kennenzulernen. Genau dafür suchte sie ein solide ausgebildetes, älteres Lehrpferd.

Es war ein sonniger, warmer Morgen, als wir durch die berühmten weißen Dörfer Andalusiens fuhren, um uns zusammen mit einem Freund ein paar Pferde anzuschauen. Wir kamen schließlich bei einem kleinen, unscheinbaren Haus an, das einem alten Mann gehörte, der dieses typische wettergegerbte Gesicht eines andalusischen Bauerns hatte. Im hinteren Teil des bescheidenen Anwesens war eine kleine Parzelle abgezäunt, hier wartete eine hübsche weiße Stute auf uns, die meiner Mutter auf Anhieb gefiel. Während der alte Mann die Stute sattelte und mit meiner Mutter redete, schaute ich mir neugierig die Umgebung an und entdeckte plötzlich vor dem Haus einen bildschönen schwarzen Hengst. Er war mit nichts anderem als einem Strick um den Hals an einer Straßenlaterne direkt an einer Straße angebunden, auf der die Laster vorbeidonnerten. Ich war völlig fasziniert und verliebte mich auf der Stelle in dieses wunderschöne Pferd, das mit meinen Kinderaugen betrachtet der prachtvollste schwarze Hengst war, den ich jemals gesehen hatte. Doch wenn ich mir heute die Bilder von damals anschaue, muss ich lachen. James war eher ein schlaksiges, schmalbrüstiges und dünnes junges Pferd. Wahrscheinlich habe ich damals schon das wundervolle Pferd gesehen, das er einmal werden sollte. Aufgeregt und verzaubert lief ich zurück zu meiner Mutter und erzählte ihr von dem schwarzen Hengst. Ich gab keine Ruhe mehr und lag ihr ununterbrochen in den Ohren, dass ich dieses Pferd unbedingt haben musste. Er war natürlich eher das Gegenteil von dem Pferd, das wir für unseren Reitbetrieb suchten, und daher war meine Mutter zunächst äußerst skeptisch. Dennoch war sie beeindruckt von der Gelassenheit und inneren Ruhe, die dieser noch so junge Hengst ausstrahlte, der wirklich nur mit einem Strick um den Hals geduldig an einer Laterne stand und sich von dem Trubel um ihn herum nicht beeindrucken ließ. Erfreulicherweise war er angeritten und nach einem kurzen Proberitt meiner Mutter durfte ich ihn auch reiten. Voller Stolz kletterte ich in den Sattel und ritt James ein paar Runden über das Gelände, da es dort so etwas wie einen Reitplatz nicht gab. Er war nicht besonders gut ausgebildet und auch eher etwas faul, aber er hatte einen wundervollen, schaukelnden Galopp.

Die Schimmelstute des alten Mannes namens Zarifa gefiel meiner Mutter deutlich besser und war auch viel eher für den Reitunterricht auf unserer Hacienda geeignet, sehr fein und wunderbar rittig. Es stellte sich heraus, dass sie die Mutter des schwarzen Hengstes war. Doch ich wollte immer noch unbedingt diesen jungen Rappen haben, mein Herz pochte und ich hatte große Angst, dass wir ihn zurücklassen würden. Schließlich machte uns der alte Bauer ein unschlagbares Angebot für Mutter und Sohn zusammen, das meine Mutter nicht abschlagen konnte. Somit fuhren wir mit zwei Pferden nach Hause. Von nun an hatte ich mein erstes eigenes Pferd und ich war überglücklich! Ja – und das war der Anfang!

Meine Mutter wollte sichergehen, dass James sich „anständig" verhält und mir nichts passiert, wenn ich ihn reite. Sie arbeitete mit ihm immer morgens, wenn ich in

Kenzie
MEINE JUGENDZEIT MIT JAMES

der Schule war, nachmittags durfte ich James dann reiten. Wir machten gute Fortschritte, doch ich wollte mehr mit dem Pferd ausprobieren und ihn auch ohne Sattel reiten, was bisher bei uns eigentlich keiner tat. Im Laufe der Jahre waren bei uns auf der Hacienda immer wieder verschiedene Trainer und Ausbilder zu Gast, die unser Reitprogramm mit Kursen erweiterten und bei der Ausbildung der Pferde halfen. Es war für mich eine glückliche Fügung, dass in meiner Jugendzeit der erfolgreiche deutsche Westernreiter Ernst-Peter Frey als Trainer und Hufschmied bei uns auf der Hacienda war. Er hatte eine ganz andere Art, mit Pferden zu arbeiten und führte mich ganz anders an Pferde heran, als dies meine Mutter bisher getan hatte. Ernst-Peter war immer offen für neue Ideen und wir hatten zusammen eine Menge Spaß und machten auch den ein oder anderen Blödsinn. Unter seiner humorvollen Anleitung brachte ich James die ersten Kunststücke bei. Alles war sehr spielerisch und leicht mit ihm. Ernst-Peter war für mich einige Jahre lang eine wichtige Person, die mich in meiner eigenen reiterlichen Entwicklung begleitete und förderte. Doch er war dabei niemals lehrerhaft. Im Gegenteil, von ihm zu lernen, war für mich immer mit Freude und

Spaß verbunden und natürlich auch eine Herausforderung, ihm alles nachmachen zu können. Ernst-Peter ist einer der wenigen Erwachsenen, die sich einfach unbändig an dem erfreuen können, was gerade ist. Ihm verdanke ich einige sehr glückliche Momente meiner Kindheit, wenn wir gemeinsam mit unseren Pferden einmal wieder die Zeit vergessen hatten und durch die duftenden wilden Wiesen am Fuße der Sierra dahingaloppierten. Doch nach einer gewissen Zeit wollte ich mein Pferd für mich alleine haben und kein anderer durfte James mehr reiten. Instinktiv wollte ich wahrscheinlich, dass James nur mehr meine Sprache spricht ...

In dieser Zeit machte ich mit James die meisten Faxen und brachte so manchen dazu, vor Schreck den Atem anzuhalten oder vor Staunen den Kopf zu schütteln, wenn ich zum Beispiel vom galoppierenden Pferd sprang und mich an einem Ast festhielt. Oder wenn ich James vor den anderen Pferden steigen ließ, obwohl es mir verboten worden war, und dann ohne Sattel im Galopp davonraste. Ich sprang auch gerne in vollem Tempo über alle Gräben und Baumstämme, die ich finden konnte, oder brachte einfach ohne Vorwarnung mein Pferd mit zum Esstisch ins Restaurant.

ERNST-PETER FREY
ÜBER *Kenzie*

Ich habe Kenzies Vater Jean-Claude und ihre Mutter Magda 1981 kennengelernt, als ich meine Lehre zum Hufschmied absolvierte. Doch der Beruf als Schmied war mir nicht genug und ich verbrachte mehrere Jahre damit, mehr über Pferde zu lernen. Kenzies Vater Jean-Claude Dysli war mein großes Vorbild, aber ich orientierte mich auch an anderen Trainern und fand meine Berufung.

Im Jahre 2000 engagierte mich Magda Dysli als Trainer auf der Hacienda Buena Suerte, wo ich dann bis 2004 für den Reitunterricht und das Ausbilden der Jungpferde zuständig war. Natürlich gab ich auch Kenzie Unterricht, wenn man das so nennen kann, denn sie war schon damals sehr eigenständig unterwegs. Wir waren täglich mit meinen und ihren Pferden beschäftigt und haben viel zusammen unternommen. Zu der Zeit hatte ich einen jungen Quarter Horse-Hengst namens Blue, den ich im Reining, in der Doma Vaquera und Zirzensik ausbildete. Kenzie schaute mir immer zu, lernte einfach über die Beobachtung und konnte schon sehr schnell mit James Lektionen nachmachen. In ihrer kindlichen Offenheit hat sie intuitiv erfasst, wie sehr die echte Kommunikation mit den Pferden von der momentanen Präsenz abhängt, vom ganz bewussten Im-Moment-Sein. Kenzie lebte im Hier und Jetzt und konnte sich ganz natürlich auf die Energien einlassen, die die Pferde ihr schickten. Sie war geradezu überschäumend aktiv und machte sich keinerlei Gedanken über irgendwelche Technik, sondern agierte einfach.

Damit hat sie auch mich sehr inspiriert, mich mehr auf meine Intuition zu besinnen und meinen Emotionen und Instinkten zu vertrauen. Im Austausch dazu habe ich ihr die reiterlichen Techniken vermittelt, indem ich sie auf den von mir trainierten Pferden reiten ließ. Ihr erstes eigenes Pferd James ritt ich in dieser Zeit ebenfalls meist am Vormittag. James war damals schon sehr auf Kenzie fixiert: wo sie war, war auch er. Sie waren wie Seelenverwandte – Kenzie hat die Liebe des Pferdes gespürt und so war es auch umgekehrt. Wenn Kenzie hinter einer Tür verschwunden war, fixierte er diese so lange, bis sie wieder herauskam.

Ich denke sehr gerne an die Jahre auf der Hacienda Buena Suerte zurück und an die gemeinsame Zeit mit Kenzie. Es war zeitweise wie eine Art Symbiose. Wenn wir mit unseren Pferden ohne Sattel durch die Landschaft galoppierten, konnten wir die Zeit geradezu anhalten. Und gibt es ein größeres Geschenk, das uns die Pferde geben können, als die von Menschen gemachte Zeit anzuhalten und in die echte, unendlich kraftvolle, natürliche Zeit hineinzugaloppieren?

Ich wünsche Kenzie von ganzem Herzen, sich diese Fähigkeit für immer zu bewahren!
Ernst-Peter Frey

G. Boiselle
KINDHEIT AUF DEM PFERDERÜCKEN

KENZIES **EHRGEIZ** WAR GEWECKT

Durch die inspirierende Zeit mit Ernst-Peter Frey und dem täglichen Unterricht machten Kenzie und James zusammen sehr schnell Fortschritte. James war ein sehr gelehriges Pferd, das ja bereits durch Magda und Ernst-Peter eine sehr gute Grundausbildung bekommen hatte. Jeder war neugierig, wie die beiden sich weiterentwickeln würden. Kenzie wandte sich immer mehr dem Natural Horsemanship zu und liebäugelte mit zirzensischen Lektionen. Zunächst waren es ganz profane Lektionen, wie das Hinlegen und das Kompliment, die sie mit James einübte. Sie probierte die Lektionen so lange aus, bis sie ihre Vorstellungen James übermitteln konnte und er sie verstand und ihr folgte. Immer wieder holte sie sich Tipps bei jedem, der zu Besuch auf der Hacienda war und der mit dem Thema zu tun hatte, das sie aktuell beschäftigte. Kenzie verfolgte schon immer ihre Ziele sehr konsequent, doch sie war auch stets offen für Ratschläge und sehr hartnäckig mit ihren Fragen, bis sie für sich eine zufriedenstellende Antwort bekommen hatte. Trainer wie Pat Parelli oder Ray Hunt unterhielten sich gern mit dem neugierigen Teenager und ahnten nicht, wie viel Nutzen Kenzie aus ihren Gesprächen zog, indem sie das Gesagte und das Selbst-Erfahrene verband und neue Ansätze entwickelte. Sie tat dies sehr bewusst und überlegt, was eher ungewöhnlich war für ein solch junges Mädchen. Kenzie ging schon immer ihren eigenen Weg und geht ihn noch heute. Ihre Passion und ihr inneres Band mit den Pferden zeichnete ihren bisherigen Lebensweg vor und wird wohl auch weiterhin ihr Schicksal bestimmen.

Dabei ist es interessant zu sehen, welche Wege sie ging: Kenzie fragte sich: „Wie bringe ich meinem Pferd bei, ganz frei und ohne Zaumzeug auf mich zu reagieren und bei mir zu bleiben?" Zu Beginn nahm sie noch einen Strick zu Hilfe, den sie James einfach über die Nase legte, damit er spürte, dass sie noch eine Verbindung hatten. Doch James war natürlich nicht dumm und hatte diesen Trick sofort durchschaut. Er testete dies gerne aus, indem er einfach unter Kenzie davonrannte und im Roundpen galoppierend seine Kreise zog. Dieses Verhalten konnte Kenzie natürlich nicht dulden. Doch anstatt zu versuchen, ihn durch Zwang zum Anhalten zu bringen, forderte sie ihn auf, weiterzulaufen, bis er ins Schwitzen kam. Nach einer kurzen Pause ließ Kenzie James dann noch einmal angaloppieren, bis er nicht mehr wollte. Darauf beendete Kenzie die Lektion mit einem betonten: „Ho!" Danach waren die Fronten geklärt: „Ho" bedeutete „Ho" und Kenzie konnte das Training ohne Sattel und Zaumzeug problemlos fortführen. Um diese Erfahrung zu machen, brauchte Kenzie keinen Monti Roberts. Kenzie hat sich immer phantasievoll überlegt, wie sie ihrem Pferd verständlich machen kann, was sie von ihm möchte und dazu immer ihre eigenen Hilfsmittel gesucht und kreiert.

Irgendwann verspürte sie den Wunsch, ihr Können in der Öffentlichkeit vorzustellen: Die erste Präsentation vor größerem Publikum fand im Nachbardorf Villamartin statt. Es war ein beachtlicher Erfolg und von diesem Zeitpunkt an war Kenzie klar, was sie in Zukunft machen wollte. Kenzie war erwachsen geworden.

G. Boiselle

Ein einziges Foto, damals als Erinnerungsfoto für die Familie gedacht, bekommt 20 Jahre später eine ganz andere Bedeutung. Zum Abschluss einer Fotosession mit Jean-Claude Dysli zum Westernreiten und Cutting animierte ich die Familie, sich für ein Abschlussfoto aufzustellen. Natürlich durfte Doctor Bond nicht fehlen. Magda hob die Kleine in den Sattel, Jean-Claude setzte ihr seinen Cowboyhut auf und alle schauten in die Kamera – klick. Wenn man Kenzie heute zuhört, dann war dieses Pferd der Schlüssel für ihr Urvertrauen zu den Pferden. Inzwischen hat sie viele Pferde geritten, einige ausgebildet und auch wieder weiterziehen lassen. Doch es gibt eine kleine Gruppe von Pferden, die sozusagen ihre „Familie" sind und um die sie sich täglich kümmert: James, ihr langjähriger Lehrer, dann der temperamentvolle Lusitano-Hengst Atila, ihr Lehrpferd Jamil, ein Hispano-Araber, Ulysses, der Nachwuchsstar und ein Neuankömmling, ein Cremello. Alle Pferde sind vernarrt in Kenzie und wollen nur eins, ihre Aufmerksamkeit. Doch Kenzie ist auch immer und überall von Hunden umgeben, davon gibt es auf der Finca ein ganzes Rudel, große und kleine, teils zugelaufen, teils auf der Straße gefunden oder wie die kleine Chilly, ganz bewusst von Kenzie ausgesucht. Schon als Kind kletterte sie mit den Hunden aufs Pferd und schleppte sie überall mit hin. Die kleinen immer schwarz-weißen Hündchen hätten Kenzie jederzeit mit ihrem Leben verteidigt, sie sind auch heute noch ihre guten Geister, witzig, aufmerksam und sehr intelligent. Und sie haben alle ihre Eigenarten, wie die kleine Chilly, Chihuahua-Papillon-Mix-Hündin, die ein Langschläfer ist und nach dem Frühstück erst noch einmal ins Bett geht, während ihr Frauchen mit den Pferden arbeitet.

Kenzie
MEINE PFERDE
UND MEINE HUNDE

Kenzie

Doctor Bond

MEIN KINDERMÄDCHEN AUF VIER HUFEN

Der fuchsfarbene Quarter Horse-Hengst Doctor Bond war der Sohn des berühmten und erfolgreichen amerikanischen Hengstes War Bond Leo, der einer der wichtigsten Vererber der AQHA in den USA war. Ende der 1980er-Jahre ergab sich die Gelegenheit, den 10-jährigen Hengst zur Auffrischung unserer Zucht in den USA zu kaufen und nach Spanien zu holen. Sein ruhiger, sehr freundlicher Charakter und seine Blutlinien passten wunderbar zu unseren Stuten. Im Umgang war er ein wahrer Gentleman, aufmerksam, sensibel, aber sehr gelassen, wie die meisten Quarter Horses. Doch Doctor Bond war mehr als das, er war wirklich eine ganz besondere Pferde-Persönlichkeit. Als ich noch ein kleines Kind war, entdeckte ich laut meiner Mutter, dass Doctor Bond, als er allein am Putzplatz angebunden war, ganz aufmerksam dem Flug der Vögel nachblickte. Das war sehr ungewöhnlich und niemand hatte je zuvor beobachtet, dass ein Pferd so etwas tat. Ich merkte sofort, dass dieser Hengst anders war als die anderen. Von diesem Moment an war meine Neugier und mein Interesse an ihm geweckt und natürlich wollte ich auf diesem stolzen Pferd reiten und ihm zum Freund haben. Der Hengst war eine Seele von einem Pferd. Da er anscheinend Spaß daran hatte, dieses kleine, quirlige Mädchen, das ich war, sicher auf seinem Rücken durch die Hacienda zu schaukeln, wurde er fast zu einer Art „Kindermädchen" auf vier Hufen für mich.

Doctor Bond hat ganz bestimmt sehr viel dazu beigetragen, dass ich so etwas wie ein „Urvertrauen" zu diesen wundervollen Tieren habe. Als Kind war ich völlig vorbehaltlos und unbefangen im Umgang mit Tieren, ich vertraute meinen vierbeinigen Freunden einfach bedingungslos und hinterfragte nicht, was passieren könnte. Doctor Bond hat mein Vertrauen nie enttäuscht und war immer sehr geduldig und sanft mir gegenüber. Und so hat er mir das vielleicht Wichtigste beigebracht, das man im Umgang mit Pferden braucht: gegenseitiges Vertrauen!

Doctor Bond verbrachte sein ganzes restliches Leben bei uns auf der Hacienda, bis er im Alter von 22 Jahren viel zu jung starb. Seine Nachkommen hatten alle denselben liebenswerten Charakter geerbt und waren sehr beliebt.

Kenzie
MEINE PFERDE UND MEINE TIERE

James
MEIN **SEELENFREUND** UND LEHRMEISTER

Mein schwarzer Tres Sangre-Wallach James ist ein sehr sensibles Pferd mit einem ganz feinfühligen, schnell verletzbaren Wesen. In den letzten Jahren und durch all das, was wir zusammen erlebt haben, hat er eine geradezu weise Ausstrahlung bekommen. Seine Augen blicken einem tief in die Seele. Im Laufe der Zeit ist James viel mehr als nur ein Pferd an meiner Seite geworden – er ist ein wahrer Freund. In vielen schwierigen Situationen und wichtigen Etappen in meinem Leben stand er mir immer zur Seite, hat mich durch Höhen und Tiefen begleitet und mich geprägt.

Gewissermaßen hat James mich erzogen: Er lehrte mich, im Umgang mit Pferden immer gerecht zu bleiben, überlegt zu handeln und mich nicht von meinen Launen und pubertären Stimmungsschwankungen leiten zu lassen. Wurde ich ungeduldig und ungerecht, indem ich zu schnell und zu viel von ihm auf einmal verlangte, ohne ihm die nötige Zeit zu geben, mich zu verstehen, zeigte er mir ganz schnell und deutlich, dass ihm das gar nicht gefiel und ich so nicht weiterkommen würde. Er wendete sich von mir ab und lief bockend davon. An Einfangen und Weiterarbeiten war für die nächste halbe Stunde gar nicht zu denken, er ließ mich einfach nicht mehr an sich heran. Besser konnte er mir wirklich nicht demonstrieren, dass ich einen Fehler gemacht hatte.

Also setzte ich mich in den Sand, überdachte mein Handeln und überlegte, auf welche Weise ich meinen Fehler wiedergutmachen konnte. Zum Glück ist James kein nachtragendes Pferd, er gab mir immer wieder eine zweite Chance!

Ich glaube, ohne seine so direkte und konsequente Schule hätte ich niemals solch ein Verständnis für Pferde erlangen können und wäre in meiner Arbeit mit ihnen niemals so weit gekommen, wie ich heute bin. Doch meine Ausbildung durch James ist noch lange nicht zu Ende. Jeden Tag lehrt er mich aufs Neue, Geduld zu haben, Grenzen zu erkennen und aufmerksamer seinen Bedürfnissen gegenüber zu sein. Von diesen Erfahrungen und von diesem Einfühlungsvermögen, das er von mir verlangt, kann ich auch in meinem Umgang mit anderen Pferden profitieren.

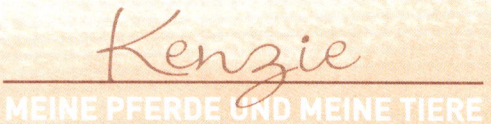

MEINE PFERDE UND MEINE TIERE

Durch James habe ich erkannt, dass es kein universelles Schema gibt, wie man mit Pferden arbeiten sollte und wie man etwas erreicht. Man muss auf jedes Pferd ganz individuell eingehen und seinen ganz eigenen Charakter berücksichtigen. Nicht jedes Pferd muss unbedingt alles können! Die Talente der einzelnen Pferde liegen wie bei uns Menschen in verschiedenen Bereichen. Je nach Persönlichkeit und Gebäude kann man dem einen Pferd etwas schneller beibringen und es hat Spaß daran, während ein anderes einem schon von Anfang an deutlich macht, dass es dies nicht gerne tut, es ihm sehr schwerfällt oder es die Übung schlichtweg nicht so umsetzen kann, wie wir das möchten.

Auch James zeigte mir immer ganz genau, welche Übungen er mit Sicherheit nicht machen möchte und zu was er nicht gedrängt werden möchte. Zum Glück verstand ich das recht schnell. Sobald ich dann bei einer Lektion mit all meinen Überredungskünsten scheiterte, ließ ich sie bleiben und fing eine neue Übung an, die er dann mit erstaunlicher Freude und Schnelligkeit begriff …

In den vielen gemeinsamen Jahren sind wir zu einem innigen Team zusammengewachsen. James kennt mich so gut wie kaum ein anderer und ich vertraue ihm vollkommen. Manchmal, wenn er mich mit seinen bernsteinfarbenen Augen und seinem tiefen Blick direkt anschaut, habe ich sogar das Gefühl, er weiß sehr viel mehr über mich und die Welt, als ich selbst. Noch nie habe ich ein Pferd erlebt, das mir allein durch seinen Blick so viel erzählen kann und seine Gefühle so unverfälscht übermitteln kann.

Danke James, dass es dich gibt!

Kenzie
MEINE PFERDE UND MEINE TIERE

Atila
MEINE HERAUSFORDERUNG

Der rauchige Duft von gebratenen Kastanien und von allerlei geräucherten Leckereien stieg einem in die Nase, an diesem kalten Novemberabend auf dem größten Lusitano-Festival in ganz Europa, dem portugiesischen Pferdefest in Golega. Dort spazierten meine Mutter und ich schon seit zwei Tagen über den großen sandigen Platz, in dessen Mitte sich eine riesige Reitarena befand. Drumherum gab es verschiedene sandige Bahnen, die sich zwischen Menschenmengen und Pferdemassen aufteilten.

Einige der schönsten Lusitanos des Landes werden dort zur Schau gestellt und versteigert. Hunderte anderer Pferde wurden auf den sandigen Passagen hoch- und runtergeritten, stolz präsentiert zum Verkauf oder einfach nur, um Spaß zu haben.

Als meine Mutter und ich uns an diesem Abend dort die Pferde anschauten, stach ein Pferd sofort aus der Menge heraus: Ein relativ kleiner, schokoladenbrauner Kohlfuchs mit einem so kraftvollen starken Trab, wie ich ihn selten gesehen habe. Ich zupfte meine Mutter am Ärmel und zeigte ihr das Pferd, das meine Aufmerksamkeit nicht mehr losließ. In den zwei Tagen hatte keines der Pferde meine Blicke so fesseln können, wie dieser kleine Hengst.

So kam der Lusitano-Hengst Atila also mit vier Jahren zu uns auf die Hacienda Buena Suerte. Anfangs war der Umgang mit ihm noch ziemlich problematisch, denn er war ein sehr temperamentvoller Hengst, für den die Freiheit auf der Hacienda völlig ungewohnt war. Er kannte keine Boxen mit Paddocks oder einen offenen Reitplatz und schon gar keine Corrals. Atila hatte auch kurz bevor er zu uns kam, Stuten decken dürfen, was den Umgang mit diesem Temperamentsbündel nicht gerade vereinfachte. Er plusterte sich sehr auf, als er mit den vielen verschiedenen Pferde der Hacienda zusammengebracht wurde. Noch heute ist James das einzige Pferd, das er in seiner Nähe duldet, und er neigt immer noch dazu, sich schnell aufzuregen. Leider musste Atila in Portugal für sein noch zartes Alter schon sehr viel tun und es wurde zu hart mit ihm gearbeitet. Kurz nach der Ankunft bei uns wurde bei ihm eine schwere Porosität und Entzündung der Sehnen festgestellt. So durfte er sich erst einmal einige Monate auf einem unserer großen Corrals erholen, bis die Entzündung ausgeheilt war.

Nach einem halben Jahr fing ich wieder vorsichtig mit dem Training an, mit einem jetzt noch viel wilderen und ungestümeren jungen Hengst. Eine echte Herausforderung für mich, da ich bis zu diesem Zeitpunkt noch nie so richtig mit Hengsten gearbeitet hatte. Zwar hatte ich schon immer mal wieder Hengste geritten, aber noch nie so intensiv mit ihnen gearbeitet und schon gar nicht in der Freiheitsdressur. Atila zeigte mir sehr deutlich, dass es etwas ganz anderes ist, mit einem so charakterstarken Tier zu arbeiten.

Kenzie
MEINE PFERDE UND MEINE TIERE

Alles, was ich bis jetzt mit und von James gelernt hatte, war zwar nützlich, aber ich musste noch sehr viel dazulernen. Zumal Atila auch wirklich kein einfacher Hengst ist. Er stammt aus einer portugiesischen Zuchtlinie reiner Stierkampfpferde und ist daher ein sehr kämpferisches, mutiges Pferd mit einem relativ hohen Aggressivitätspegel. All dies erschwerte natürlich die tägliche Arbeit mit ihm, vor allem in der Freiheitsdressur. Er fordert auch heute noch sehr viel Präsenz und Klarheit von mir. In der Arbeit mit ihm wandert man immer auf einem schmalen Pfad zwischen Spiel und Aggressivität. Seine Stimmung kann jeden Moment kippen, besonders wenn man dabei ist, ihm etwas Neues beizubringen und er der Meinung ist, heute überhaupt nicht auf einen eingehen zu wollen. Atila hat mir beigebracht, dass es manchmal schlauer ist, Aufgaben, bei denen ich nicht weiterkomme oder bei denen die Stimmung des Pferdes umschlägt, so zu verändern und zu überspielen, dass sie in andere Übungen übergehen, die dem Pferd leichter fallen. So kann ich das Pferd aus einer Stresssituation herausholen und ihm mit einer Übung, die es sicher kann und gerne macht, wieder Vertrauen geben und mit einem positiven Erlebnis die „gefährliche" Situation auflösen. Dass dies kein Scheitern oder Verlust an Autorität ist, sondern ein echter Gewinn für das nächste Mal sein kann, musste ich auch erst lernen. Für den Umgang mit dem temperamentvollen und dominanten Atila ist das eine sehr wichtige und effektive Strategie, denn ein Zuviel an Druck kann bei ihm schnell aggressiven Widerstand auslösen. Im Laufe der Zeit ist unsere Beziehung zueinander sehr gewachsen. Er hat sich zu einem echten Partner entwickelt und sehr viel an Souveränität und Ausdruck hinzugewonnen. Immer noch fordert er viel Aufmerksamkeit und Konzentration bei der Arbeit, ich muss immer zu 100 Prozent bei ihm sein und die Rangfolge zwischen uns ganz deutlich klar halten. Das gibt ihm eine Atmosphäre der Sicherheit und des Vertrauens, in der er sein ganzes Talent und sein Potential voll entfalten kann. Er hat unglaublich viel gelernt und ich bin sehr stolz auf ihn. Eines Tages wird er sicherlich ein würdiger Nachfolger von James werden.

Kenzie
MEINE PFERDE UND MEINE TIERE

Ulysses
MEINE ZUKUNFT

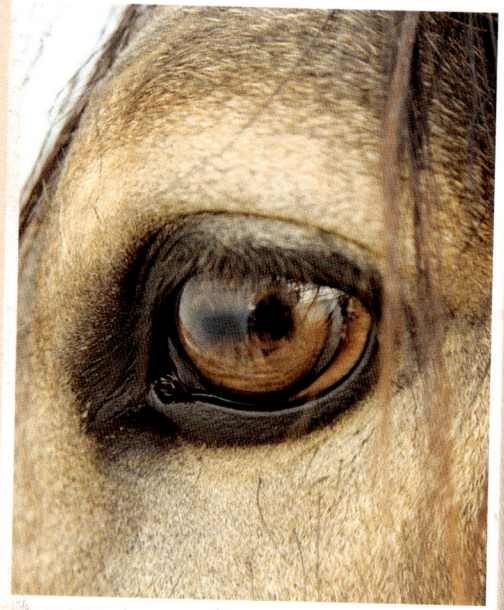

Mein erst 4-jähriger falbfarbener Lusitano-Hengst Ulysses ist ein sehr feines, sensibles Pferd, bei dem ich meine Handlungsweise immer reflektieren muss. Außerdem muss ich ständig darauf achten, ihn nicht zu kränken oder zu erschrecken. Obwohl er im gleichen Alter ist, in dem ich auch mit Atila angefangen habe zu arbeiten, und er sich manchmal sehr frech und herausfordernd gebärdet, ist er doch eine ganz andere Persönlichkeit als Atila. Er ist ein echter Lausbub und manchmal auch ein richtiger Spaßvogel, der einen immer wieder schmunzeln lässt. Dennoch muss ich auch bei diesem jungen Hengst jeden Tag aufs Neue den nötigen Respekt einfordern und ihm Grenzen aufzeigen. Immer wieder testet er, inwieweit diese Grenzen dehnbar sind und ob ich es wirklich ernst meine. Er muss noch viel an Grundbenehmen lernen und ich muss konsequent und klar mit ihm arbeiten, auch wenn ich oft über seine Späße lachen muss. Die Verspieltheit und pfiffige Aufmerksamkeit dieses jungen Hengstes birgt auch ein sehr großes Potential, er ist immer unglaublich arbeitswillig und fast übereifrig bei der Sache. Auch vom äußeren Typ ist Ulysses ein ganz anderes Pferd als Atila, obwohl sie beide Lusitanos sind. Ulysses ist ein sehr schwungvoller, großrahmiger und eleganter Lusitano mit einer unglaublichen Präsenz und einem enormen Charme. Atila ist dagegen eher der barocke Typ: etwas kleiner, runder, sehr harmonisch, kompakt gebaut und ein echter Bewegungskünstler.

Mit Ulysses arbeite ich erst seit ungefähr einem Jahr, aber er macht mir schon jetzt sehr viel Freude und lernt unglaublich schnell. Gerade deshalb muss man sehr aufpassen, ihn nicht zu überfordern oder zu schnell neue Dinge von ihm zu verlangen. Ulysses ist sehr sensibel und darf keinesfalls zu hart rangenommen werden. Wenn man mit ihm auf die harte, dominante Art und Weise arbeiten würde, könnte man bei ihm sehr schnell sehr viel kaputtmachen und sein Vertrauen dauerhaft zerstören. Bei ihm reichen manchmal schon Kleinigkeiten, um ihn zu irritieren. Als ich zum Beispiel einmal einige Wochen mit meinen anderen Pferden unterwegs war und jemand anderes Ulysses jeden Tag rausgeholt hat, um ihn im Roundpen frei laufen zu lassen, da war schon die kleinste Änderung im Ablauf für Ulysses ein Drama. Er ist überempfindlich an den Ohren, daher mache ich das Halfter immer auf und hinter den Ohren wieder zu. Derjenige, der damals mit Ulysses gearbeitet hatte, machte dies auch so, bis auf ein einziges Mal, als er automatisch das Halfter über die Ohren ziehen wollte, um es am Kinn wieder zuzuschnallen. Das war zu viel für Ulysses und er rastete völlig aus. Es hat dann eine ganze Zeit lang gedauert, bis er wieder Vertrauen gefasst hatte und sich überhaupt wieder aufhaltern ließ. Dazu habe ich instinktiv seine Ohren immer wieder massiert. Dass dies der TTouch ist, der von Linda Tellington-Jones gelehrt wird, habe ich erst erfahren, als sie bei uns zu Besuch war. Dies zeigt deutlich, dass man mit ihm sehr achtsam und mit viel Ruhe umgehen muss, dann allerdings ist er ein wundervolles Pferd. Ich freue mich schon darauf, zu erleben, wie er sich weiterentwickelt und sein verschmitztes Gesicht einen weisen Ausdruck bekommt.

Kenzie
MEINE PFERDE UND MEINE TIERE

Jamil
MEIN IDEALES LEHRPFERD

Der fuchsfarbene Hispano-Araber Jamil ist ein freundliches, feinfühliges und sehr lustiges Pferdchen mit sehr viel Schalk in den klugen Augen. Immer, wenn ich an ihn denke, muss ich schmunzeln. In ihm vereinen sich die Gelassenheit und der Mut eines Andalusiers mit der feinen Sensibilität und dem Temperament eines Arabers zu einer gelungenen Mischung. Mittlerweile ist Jamil ein wunderbares und beliebtes Doma Vaquera-Pferd in unserem Schulbetrieb. Als er jedoch vor ein paar Jahren zu uns kam, war er ein sehr ängstliches Tier und ohne Vertrauen zum Menschen. Da er mir sehr gefiel, entschloss ich mich dazu, ein wenig mit ihm zu arbeiten. Ich begann, mit ihm vom Boden aus zu arbeiten, um erst einmal etwas Grundvertrauen aufzubauen, und ritt ihn dann auch ganz vorsichtig. Sehr schnell blühte der kleine Hispano-Araber auf und das spielerische Arbeiten im Roundpen machte ihm sichtlich Spaß. Immer mehr brachte er eigene, lustige Ideen in die Lektionen mit ein, machte Faxen und wurde zu einem richtigen Clown. Dabei blieb er aber immer sehr respektvoll.

Auch mir machte die Zusammenarbeit mit diesem gelehrigen und schlauen Pferd ungemein Spaß und brachte mich auch in vielen Dingen weiter. Jamil ist immer offen für Neues und lernt wirklich schnell, daher konnte ich ihm auch in kürzester Zeit viele Tricks beibringen. Da er im Laufe der Zeit immer gelassener und vertrauensvoller wurde, setzen wir ihn immer mehr im Unterricht für unsere Reitschüler ein, stets darauf bedacht, dass er sanfte und einfühlsame Reiter bekommt. Leider fehlte mir die Zeit, mit ihm weiterzuarbeiten, da ich meine eigenen Pferde trainieren musste und viel auf Reisen war.

Immer, wenn ich zu Hause auf der Hacienda Kurse gebe, ist Jamil mein Partner für die Unterrichtseinheiten. Er ist für mich einfach das perfekte Lehrpferd, denn er hat viel Spaß an der Kommunikation mit dem Menschen, reagiert aber nur wirklich dann, wenn sein Gegenüber eindeutig mit seiner Körpersprache ist und sich auch wirklich sicher ist, was er möchte. Ansonsten lässt Jamil sich gerne selbst etwas einfallen und bringt damit alle zum Lachen.

Kenzie
MEINE PFERDE UND MEINE TIERE

Black & White
MEINE STETIGEN BEGLEITER

Kenzie und Micky

Zamira

Diana

Neben den Pferden, die ein ganz zentraler und wichtiger Teil meines Lebens sind, begleiten mich seit meiner frühesten Kindheit kleine, schwarz-weiße Wesen auf vier Hundepfoten. Ob als liebevoller Begleiter, tröstende Hundeschnauzen, lustige kleine Freunde oder als wachsame Aufpasser – schon immer waren kleine, schwarz-weiße „Schutzengel", wie meine Mutter sie nannte, an meiner Seite.

Mein allererster Hund war Micky, der mich durch meine Kindheit im Alter von vier bis sieben Jahren begleitete. Von ihm weiß ich leider nicht mehr so viel, nur, dass wir unzertrennlich waren und ich es liebte, mit ihm zusammen auf Doctor Bond zu reiten.

Danach kam Diana zu mir. Sie war bis zu meinem 19. Lebensjahr meine treue Begleiterin und absolute Seelenverwandte. Ich habe sie sehr plötzlich durch einen tragischen Unfall verloren. Ihr Verlust schmerzt noch immer sehr! Wie James begleitete mich Diana durch die wichtigste Zeit meiner Kindheit. Nachts wachte sie über mich wie ein kleiner Tiger, immer bereit, alles anzuknurren, was unbefugt mein Zimmer betrat, und tagsüber begleitete sie mich überallhin und passte auf mich auf. Wenn ich so manches Mal auf eine längere Reise musste, wie zum Beispiel nach Deutschland, dann flog Diana mit mir mit. Oft traute ich mich überhaupt erst alleine zu fliegen, wenn diese kleine Hundedame mit ihrem großen Herzen an meiner Seite war.

Als Diana dann starb, war es, als ob ein Abschnitt meines Lebens unwiederbringlich endete und ein neuer begann. Sie hatte mir zwar ihre kleine Tochter Zamira hinterlassen, die mir sehr über die Trauer um Dianas Tod hinweghalf, aber so leid es mir auch tat, ich wusste, dass sie niemals so sehr mein Herz berühren würde, wie es ihre Mutter getan hatte. Also suchte ich ihr ein schönes Zuhause bei Menschen, die ihr die Liebe gaben, die ich ihr nicht geben konnte. Nun musste ich zum ersten Mal in meinem Leben ohne einen ständigen, vierpfotigen Begleiter zurechtkommen.

Zwei lange Jahre konnte ich mich an keinen anderen Hund binden, bis ich dann zufällig auf Chilly traf! Diese kleine, freche Chihuahua-Papillon-Mix-Hündin aus Deutschland eroberte mein Herz im Sturm und erfüllte es wieder mit Freude. Seitdem bin ich nicht mehr allein auf Reisen. Wie auch Micky und Diana zuvor, begleitet mich Chilly überallhin. Ich hoffe, dass wir noch viele schöne Jahre miteinander teilen können.

Chilly

Wenn man einem Reiter den Sattel wegnimmt und ihn auf den blanken Pferderücken setzt, dann ist es nicht mehr wichtig, welche Reitweise er erlernt hat, sondern wie sein Körper mit dem des Pferdes harmoniert, wie ausbalanciert er ist. Kenzie liebte es schon als Kind, einfach so aufs Pferd zu klettern und loszureiten. Doch mit der Zeit begann sie, sich mehr und mehr für die verschiedenen Reitweisen zu interessieren. Mit den verschiedenen Sätteln rückten auch für sie die Techniken und speziellen Anforderungen mehr in den Fokus.

Welches Pferd eignet sich für welche Art zu reiten am besten? Es galt auch für Kenzie, Erfahrungen zu machen. Und weil sie unglaublich neugierig und wissbegierig ist, hat sie sich in alles Neue mit Begeisterung hineingestürzt und vieles ausprobiert. Letztendlich fühlt sie sich in vielen Sätteln zuhause und kann all die Lektionen perfekt nachvollziehen. Wo für andere die technische Perfektion das Ziel ist, beginnt für Kenzie das eigentliche Abenteuer, ihrem Gefühl zu folgen und für sich und ihr Pferd den besten Weg zu finden.

Kenzie
ZUHAUSE IN VIELEN
SÄTTELN

Kenzie
UNTERWEGS MIT COWBOYHUT UND **WESTERNSATTEL**

Kenzie beim Cutting

Westernreiten, das bedeutet für mich in erster Linie Spaß, Entspannung und Freude. Wie die spanische Doma Vaquera war das Westernreiten ursprünglich eine rein pragmatische Arbeitsreitweise, bei der die Nützlichkeit und der Einsatz der Pferde bei der täglichen Arbeit auf der Ranch im Vordergrund stand. Doch es ist eine sehr viel lockerere und gelassenere Reitweise, die nicht so viel Versammlung und solch schwierige und kraftaufwändige Lektionen verlangt.

Mir bereitet es einfach immer wieder unglaublich viel Freude, im Westernsattel durch die Landschaft zu reiten und das Gefühl von Freiheit und Harmonie zu genießen. Durch meinen Vater war das altkalifornische Westernreiten die erste Reitweise, die ich in meiner Kindheit kennengelernt habe, und durch die ich meine ersten Erfahrungen im Sattel machen durfte. Mich beeindruckte schon als Kind besonders die Lässigkeit und Leichtigkeit dieser Art zu reiten. Der gemütliche Westernsattel mit dem großen Horn vermittelte mir schon damals ein Gefühl von Sicherheit. Die feine Kommunikation mit dem Pferd rein über die Gewichtsverlagerung, ganz unabhängig von der Zügelhand, empfand ich als ideal, um einen sicheren, losgelassenen Sitz und ein Gefühl für das Pferd und seine Bewegungen zu entwickeln. Das rasante Cutting, die Arbeit mit den Rindern, ist ebenfalls eine Kunst für sich, die besonders talentierte Pferde voraussetzt. Auch wenn ich darin sicherlich lange nicht so gut bin wie mein Bruder Raphael, macht es mir Spaß und ich lerne viel von ihm. Ab und an besuche ich die Westernreiterin und Ausbilderin Ute Holm, um auf ihren Pferden zu trainieren und mir ein paar Tipps und Tricks für das Cutting zeigen zu lassen. Es inspiriert mich immer wieder, andere Reitweisen auszuprobieren und neue Ideen und Eindrücke zu sammeln.

Wenn ich zurückblicke, dann war das Westernreiten für mich eine wunderbare Grundlage und eine ideale Brücke zum freien Reiten ohne Sattel und Zaumzeug, denn dabei muss ich ja ebenfalls mit meinem Pferd rein über die Gewichtsverlagerung meines Körpers kommunizieren.

Mehr zuhause fühle ich mich ganz klar in der spanischen Doma Vaquera, aber geprägt haben mich beide Reitweisen gleichermaßen. Und oft, wenn ich in der Doma Vaquera an einer Lektion arbeite, stelle ich fest, dass es sehr viele Parallelen beider Reitarten gibt. Es gibt aber auch vieles, das ich aufgrund meiner Erfahrung mit der altkalifornischen Westernreitweise, in der Doma Vaquera anders reite oder trainiere, als es vielleicht sonst in Spanien üblich ist.

WAS IST DIE ALTKALIFORNISCHE WESTERNREITWEISE?

Die Arbeitsreitweise der amerikanischen Cowboys geht in ihren Anfängen auf die Reitkunst der iberischen Reiterhirten zurück – auf die Vaqueros, die im 16. und 17. Jahrhundert durch die europäische Eroberung Amerikas in die Neue Welt auswanderten. Viele dieser alten Ausbildungsprinzipien der Doma Vaquera bilden auch heute noch die Basis des Westernreitens, ihre Kultur hat insbesondere im „Altkalifornischen Stil" überdauert. Ebenso wie ein Vaquero ist der Cowboy bei der täglichen Arbeit auf der Ranch auf ein perfekt ausgebildetes und ausbalanciertes Pferd angewiesen, das sich in stolzer Selbsthaltung trägt und fein auf die Gewichtshilfen seines Reiters reagiert. Den amerikanischen Arbeitsreitstilen gemeinsam ist das Reiten am losen Zügel (engl. „loose rein") und die signalhafte Hilfegebung – im Gegensatz zur klassischen Dressur, die mit anlehnenden und begrenzenden Zügelhilfen arbeitet. Ein altkalifornisch ausgebildetes Pferd hat aber im Vergleich zum klassisch westerngerittenen Pferd eine höhere Aufrichtung und wird stärker versammelt. Zudem lernen die Pferde in ihrer Ausbildung neben Spins und Stops auch Traversalen und Pirouetten – ein Erbe der spanischen Reitkunst.

Ganz wichtig bei der Ausbildung eines altkalifornisch gerittenen Pferdes ist das Maß an Zeit, das man investiert. Bevor das fertig ausgebildete Pferd, das „Bridle Horse", stolz aufgerichtet und versammelt auf Kandare geritten werden kann, wird es über viele Jahre hinweg schonend und achtsam geschult. Das junge Pferd wird mit dem Snaffle Bit, der Wassertrense, oder dem Bosal (einer gebisslosen Zäumung) angeritten und individuell gefördert. Erst dann wird es allmählich stärker in die Versammlung geritten und lernt Schritt für Schritt anspruchsvolle Lektionen wie Spins, Stops und Pirouetten. Dabei verfolgt der Ausbilder stets das Ziel, jede Übung feinfühlig aus dem Sitz heraus zu reiten, so dass seine Hilfen fast nicht zu erkennen sind. Voraussetzungen dafür sind ein

Magda Bayer-Dysli auf Zuchthengst Boons Royal Legacy im Spin

zügelunabhängiger Sitz und eine sichere Balance im Sattel – und natürlich ein gewisser Ehrgeiz und eine besondere Leidenschaft für diese feine Art zu reiten. Aber vor allem bedarf es Respekt und Achtsamkeit im Umgang mit dem jungen Pferd, das nicht in bestimmte Bewegungsabläufe gezwungen werden sollte, dessen individuelle Fähigkeiten sollten stattdessen erkannt und gefördert werden. Schließlich möchte man seine Persönlichkeit nicht brechen, sondern sie unter dem Reiter zur Geltung bringen und einen leistungsbereiten, aufmerksamen Partner für die tägliche Rancharbeit haben.

In Europa steht der Name Dysli seit vielen Jahrzehnten für die altkalifornische Reitweise und den respektvollen Umgang mit dem Partner Pferd. Auch Kenzie hat mit dieser Art zu reiten ihre ersten Erfahrungen im Sattel gemacht, was sie sicherlich bei der Entwicklung ihres Reitstils sehr prägte.

G. Boiselle
ZUHAUSE IN VIELEN SÄTTELN

Ihr Bruder Raphael Dysli bildet seit über zehn Jahren mit viel Geduld und Zeit die Pferde der Hacienda nach dieser Philosophie aus. Zugleich gibt er seine Erfahrung an die zahlreichen Gäste weiter, die aus der ganzen Welt auf die Hacienda Buena Suerte kommen, um dort ihr Können in der altkalifornischen Reitweise zu verfeinern. Auch Kenzie holt sich immer wieder Rat bei ihrem Bruder und arbeitet in der Jungpferdeausbildung eng mit ihm zusammen.

Kenzie mit ihrem Bruder Raphael

impressions

G. Boiselle
ZUHAUSE IN VIELEN SÄTTELN

Die Escola Portuguesa de Arte Equestre in Queluz, Portugal

DIE **IBERISCHE** TRADITION

Die iberischen Pferde waren schon zur Zeit von Julius Cäsar berühmt und ihre Reiter, die ohne Sattel ritten, wurden als unerschrockene Krieger verehrt. Insofern könnte man sagen, dass die iberische Halbinsel als die Wiege der Reiterei in Europa gilt. Ob man nun Kenzie als Nachfahre der Amazonen sehen kann oder als Ibererin, ist ein spielerischer Gedanke. In jedem Fall ist dieses Stück Landschaft, Al Andaluz, wie es die Mauren nannten, in dem sie aufgewachsen ist, tief verwurzelt mit der Entwicklung der europäischen Pferdezucht und der Reitkultur. Dabei muss man historisch zwei unterschiedliche Richtungen und Reitweisen unterscheiden: Es gab die Kriegsreiterei, zu der man barocke Pferde ausbildete, die Sprünge und Figuren ausführten, wie wir sie heute als „Hohe Schule" kennen. Sie waren dazu gedacht, im Getümmel der Schlacht Fußsoldaten zu Fall zu bringen oder sich mit Sprüngen wie der Kapriole aus gefährlichen Situationen herauszukatapultieren. Man hatte Sättel mit hohem Zwiesel und ritt mit langen Bügeln. Diese Reitkunst wurde sowohl in Portugal als auch in Spanien an den Königshöfen zelebriert.

Dem gegenüber stand die Arbeitsreitweise der Vaqueros, die Rinder- und Pferdeherden zu hüten hatten. Hier wollte man mit wenig Arbeitseinsatz eine effektive Leistung erzielen. Aus dem einen sind die Westernreitweise und die Doma Vaquera hervorgegangen, aus dem anderen wurde eine Kunstform, die in ihrer Reinheit nur noch an vier verschiedenen Orten dieser Welt gelehrt wird: an der Spanischen Hofreitschule in Wien, beim Cadre Noir in Saumur, in der königlichen Reitschule in Jerez de la Frontera und in der portugiesischen Reitschule von Queluz. Die Reitröcke und die Kopfbedeckungen unterscheiden sich bei allen, wie auch die verschiedenen barocken Pferderassen, doch die Prinzipien der Reiterei sind die gleichen geblieben, und das seit Jahrhunderten.

Die Real Escuela Andaluza del Arte Ecuestre in Jerez de la Frontera, Spanien

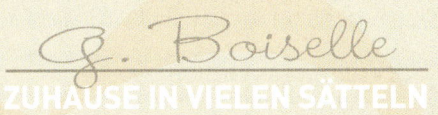
ZUHAUSE IN VIELEN SÄTTELN

WAS IST DIE **DOMA VAQUERA**?

Wenn auf einer der vielen Show-Veranstaltungen bei magischem Licht und bei feurigen Flamenco-Klängen spanische Caballeros auf eleganten Andalusier-Hengsten in engen Galopp-Pirouetten mit einer vier Meter langen Stange tanzen, dann kann sich kaum ein Zuschauer der Faszination dieser Vorführung entziehen. Doch was so tänzerisch aussieht, ist nicht eine einstudierte Kunstform der spanischen Reitweise, sondern die klassische Arbeitsreitweise der spanischen Rinderhirten. Auch wenn kaum einer damit den harten Alltag der spanischen Rinderhirten, den Vaqueros, auf den staubigen Weiden verbindet, ist die jahrhundertealte „Doma Vaquera" („Doma" = Dressur und „Vaca" = Kuh) der Ursprung dieser Vorführungen, die in Spanien bei jeder Feria als Wettbewerb ausgetragen werden.

Was das Lasso für den amerikanischen Cowboy ist, ist die Garocha, eine vier Meter lange Holzstange mit einer Eisenspitze am dünneren Ende, für den spanischen Vaquero. Sie wird zur Arbeit mit den halbwilden Rindern eingesetzt und ist sozusagen der verlängerte Arm des Reiters. Mit ihrer Hilfe halten sich die Vaqueros die wilden Kampfstiere vom Leib oder sie wird benutzt, um Kälber von ihren Müttern zu trennen. Manchmal erproben die Reiter mit der Garocha die Angriffslust der jungen Stiere oder sie benutzen sie bei einer Pause oder einem kleinen Plausch, um sich auf ihr abzustützen und auszuruhen.

Bereits seit dem frühen 17. Jahrhundert gilt die "Doma Vaquera" als eigenständige Reitkunst mit festen Regeln, bei der Kleidung und Ausstattung von Pferd und Reiter eine große Rolle spielen. Gut ausgebildete Pferde werden einhändig auf Kandare geritten, damit die rechte Hand frei ist, um die Garocha zu führen. Der hinten und vorne hochgezogene Vaquero-Sattel gibt dem Reiter einen sicheren Halt, den er bei den rasanten Wendungen, Stopps und Sprints zwischen den Rindern unbedingt benötigt. Gelenkt werden die Pferde rein über die Gewichtshilfen des Reiters und dies oft so fein, dass sie die Intention des Reiters schon zu spüren scheinen. Die iberischen Pferde, die zur Arbeit mit den Rindern herangezogen werden, müssen mutig, schnell und wendig sein und vor allem einen guten Instinkt haben, denn manchmal entscheidet nur der Bruchteil einer Sekunde, ob sich die Hörner eines Stiers in den Körper des Pferdes bohren. Doch man sollte sich im Klaren sein, dass die großrahmigen, wunderschönen Pferde mit ihren langen Mähnen, die man in den Shows sieht, herzlich wenig mit den tatsächlichen Arbeitspferden in Andalusien zu tun haben. Diese sind meist sehr viel robuster, grobknochiger und haben einen kurzen Schweif, damit sie nicht im Gestrüpp des oft unwegsamen Geländes hängen bleiben. Bei einigen von ihnen sieht man an den alten Narben in ihrem Fell, dass sie mit der sprichwörtlichen Angriffslust der Kampfstiere schon Bekanntschaft gemacht haben. Ein echtes Vaquero-Pferd muss mit den Stieren auf der gleichen Weide aufgewachsen sein. Nur so erkennt es bereits an der Körpersprache der Rinder deren Absicht und kann instinktiv darauf reagieren. Diese Erfahrung hat schon so manchem Reiter das Leben gerettet. Daher schwören viele Vaqueros auf ihre Pferde, die meist aus eigener Zucht stammen und die sie von Geburt an kennen und denen sie vertrauen.

Zwar ist der umstrittene Stierkampf zu Pferd (Rejoneo) die Königsdisziplin der Doma Vaquera, doch längst ist diese Reitkunst auch zum Selbstzweck geworden: In stolzer Aufrichtung und Versammlung präsentiert sich das Pferd, zeigt – fast unsichtbar von seinem Reiter gelenkt – voller Leichtigkeit Pirouetten, fliegende Galoppwechsel, Traversalen, schnelle Starts und abrupte Stops.

Wenn man die Pferde der spanischen Champions der Doma Vaquera heute sieht, denkt man kaum an die Arbeitstiere im Campo oder in der Arena. Auch die prächtigen Hengste der Pura Raza Española mit ihrem expressiven Gangwerk kommen hier nicht unbedingt zum Einsatz. Bevorzugt werden Tres-Sangres-Pferde (dreiblütige Pferde), die sowohl spanisches als auch arabisches sowie englisches Vollblut in sich vereinen. Diese Mischung, die erstmals von Don Alvaro Domecq erfolgreich gezüchtet wurde, bringt alle Voraussetzungen für die temperamentvoll gerittene Doma Vaquera mit.

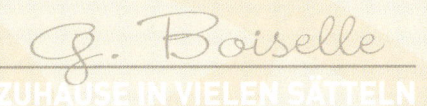
ZUHAUSE IN VIELEN SÄTTELN

Sie sind dynamisch, wendig, athletisch und ausdauernd und haben eine hohe, natürliche Aufrichtung. Die Anforderungen an die Pferde sind hoch und die an das Können des Reiters nicht minder, denn nur, wenn die Zügel der Kandare feinfühlig geführt werden, kann das Pferd die Leichtigkeit und die Eleganz zeigen, die diese Reitweise so faszinierend macht.

Wie schön ist es zu sehen, dass Kenzie Dysli ihren Hengst Atila auch in dieser Disziplin mit viel Gefühl und Feinheit reitet. Ob in spanischer Tracht mit traditionellem Sattel und Zaumzeug oder frei, nur einen Halsring nutzend, zaubert sie in einer Leichtigkeit und Freude ein Bild voller Harmonie. Sie reitet ebenfalls die Galoppwechsel, Pirouetten und Traversalen, doch im Einverständnis und im Einklang mir ihrem Pferd.

Kenzie mit Atila beim Tanz mit der Garocha

Kenzie
DOMA VAQUERA

KRAFTVOLLE ELEGANZ MIT UND OHNE SATTEL

Der spanischen Reitweise mit ihrer lebendigen Tradition fühle ich mich sehr verbunden. Gerade die temperamentvolle Doma Vaquera ist, wenn sie fein geritten wird, eine der schönsten und faszinierendsten Reitweisen überhaupt. Voller kraftvoller Dynamik und Leichtigkeit verkörpert sie für mich einen idealen Mittelweg zwischen dem Westernreiten als lässiger Arbeitsreitweise und dem klassischen Dressurreiten.

Wenn ich auf meinem Lusitano-Hengst Atila die komplexen und schwierigen Lektionen der Doma Vaquera einhändig und mit der Garocha reite, verlangt dies von uns beiden absolute Konzentration und Harmonie. Denn nur so erreichen wir dieses feine Zusammenspiel, das alles so spielerisch aussehen lässt. Dabei sind die einzelnen Lektionen und der ständige Wechsel zwischen hoher Versammlung und dynamischer Schnelligkeit sehr anstrengend für das Pferd.

Es fühlt sich absolut unglaublich an, wenn Atila seine ganze Kraft und Energie unter mir versammelt, um dann aufmerksam und fein anzufragen, was wir als nächstes tun wollen. Auf das kleinstes Signal hin schnellt er los, wendet, um sich dann wieder in stolzer Aufrichtung zu präsentieren. Für mich ist es gerade diese Leichtigkeit und das Tänzerische an dieser Reitweise, das mich besonders fasziniert und mich immer wieder herausfordert, noch feiner mit meinem Pferd zu kommunizieren. Ob mir dies gelungen ist, zeigt sich dann sehr schnell, wenn ich Sattel und Zaumzeug weglasse und die Doma Vaquera nur mit Halsring reite. Ohne die Einflussmöglichkeit eines Zaumzeugs kann ich das Pferd nicht mehr „festhalten" oder die Richtungswechsel über den Zügel korrigieren. Ich muss wirklich eins sein mit meinem Pferd, um die schwierigen Lektionen, die schnellen Wechsel und den „Tanz" mit der Stange ohne Zwang auf den Punkt ausführen zu können. Und es ist ein wunderschönes, erhebendes Gefühl, wenn mein Pferd dies alles freiwillig und ohne Druck für mich und mit mir tut.

Bei den Wettbewerben der Doma Vaquera in Spanien spielt die Tradition dieser Reitweise und die korrekte Ausstattung von Pferd und Reiter immer eine sehr wichtige Rolle und wird mit bewertet. Wenn ich dann ohne Zaumzeug und Sattel mit meinen Pferden auftrete, fällt das natürlich schon aus dem Rahmen, aber aus Respekt vor der Tradition achte ich gerade dann besonders auf die richtige und punktgenaue Ausführung der Lektionen. Mir ist es wichtig, in der Doma Vaquera ernst genommen zu werden und dass meine Art, diese ohne Zaumzeug zu reiten, als Variation in der Tradition und der Kultur der spanischen Reitweise akzeptiert wird.

Obwohl ich mit den Quarter Horses und dem Westernreiten auf der Hacienda aufgewachsen bin, haben mich die iberischen Pferde schon sehr früh beeindruckt. Ich erinnere mich an viele Pferde, die ich auf den Ferias oder bei den großen Züchtern Andalusiens gesehen habe. Besonders begeistert hat mich das Wesen der spanischen Tres-Sangres-Pferde, die in sich das Temperament und die Agilität des Arabers, die Leistungsfähigkeit und Ausdauer des Vollblutes und die stolze Schönheit und Gelassenheit des Andalusiers in sich vereinen.

Als ich dann meinem James begegnet bin, der ein Tres-Sangre ist und über die besten Anlagen verfügt, habe ich angefangen, mich immer mehr mit der Doma Vaquera zu beschäftigen. Meine Mutter und verschiedene andere gute Reiter, wie Manolo Oliva oder Manolo Rodriguez, die uns auf der Hacienda besuchten, waren meine Lehrer und Vorbilder. Von ihnen konnte ich viel lernen. Einiges vermochte ich durch genaues Hinschauen mir selbst zu erklären, doch sie waren immer sehr hilfsbereit und beschäftigten sich mit „dem kleinen Mädchen". Aber das Meiste habe ich einfach selbst herausgefunden, mit Hilfe meiner Pferde, denn sie reagieren individuell unterschiedlich und es gibt auch heute noch täglich neue Dinge zu verstehen und zu unterscheiden.

MANOLO OLIVA
ÜBER *Kenzie*

„Kenzie kam unter der strahlenden Sonne Andalusiens zur Welt. Sie wuchs heran im Schatten der Olivenbäume und entwickelte sich im Rhythmus der Pferde – im Schritt, Trab und Galopp. Drei verschiedene Reitweisen prägten ihr bisheriges Leben mit den Pferden: die Westernreitweise der Cowboys, die Doma Vaquera der spanischen Vaqueros und die Doma Classica, die feine Dressur. Doch es war ihre Seele, ihr eigener wacher Geist, der sie dazu drängte, ihren ganz eigenen Stil zu entwickeln und ihrem eigenen Weg zu folgen: dem Weg der Freiheit – stetig von den Tieren lernend und geschult von den Ereignissen des Lebens.

Ein wahrer Reiter zu sein, ist kein Beruf, es ist eine besondere Lebensart. Denn nur wer wirklich mit den Pferden lebt, kann mit ihnen wachsen und groß werden. Kenzie wuchs nicht nur mit Pferden auf, sie wurde hineingeboren in ihre Mitte, um mit ihren besten Freunden den Pferden zu sein und zu leben.

Und das tut sie immer noch. Sie arbeitet und lebt mit ihren Freunden und vollbringt bezaubernde und eindrucksvolle Kunststücke mit ihnen, sich immer treiben lassend von ihrer Inspiration und ihren Träumen. Und die Pferde? Sie folgen ihr bis in ihre Träume hinein ... Deshalb ist Kenzie das, was sie ist: eine Künstlerin zu Pferd ..."

Mach weiter so und träume weiter ...
Dein Freund
Manolo Oliva

Manolo Oliva, ehemaliger Reiter der königlichen Hofreitschule in Jerez de la Frontera und Apassionata-Star zählt zu den besten Reitern Spaniens und genießt einen hervorragenden Ruf als Ausbilder in ganz Europa. Er lebt mit seiner Familie in Villamartin, Spanien.

Kenzie
MEINE AUSBILDUNGSZEIT IN PORTUGAL

Vor einigen Jahren hatte ich das Gefühl, mich nicht mehr richtig weiterzuentwickeln, irgendwie brauchte ich eine neue Herausforderung. Vielleicht war es auch an der Zeit, die Hacienda und die Sicherheit des eigenen Stalls zu verlassen. Ich wollte andere Lehrer der iberischen Reitweisen kennenlernen und mir Impulse und Anregungen außerhalb meiner Familie holen. Es war auch der Zeitpunkt, an dem ich gerade mit meinem Lusitano-Hengst Atila immer wieder an Grenzen stieß und die Ausbildung eines solch dominanten und temperamentvollen Hengstes mich permanent vor neue Probleme stellte. Irgendwie hatte ich das Gefühl, wenn ich mehr über die Rasse der Lusitanos und die portugiesische Reitweise wüsste, könnte ich auch diesem sensiblen Hengst besser gerecht werden. Die Lusitanos sind eigentlich eng mit den Andalusiern oder P.R.E. verbunden, man führte sogar lange ein gemeinsames Stutbuch. Doch inzwischen haben sich die Pferde in Portugal verändert, sie wurden mit anderen Prämissen gezüchtet, sehr auf Leistung selektiert und sind athletischer, sensibler und kompakter als die eher großrahmigen P.R.E.-Pferde Spaniens. Doch über diese Unterschiede könnte man ein eigenes Buch schreiben, das wurde mir sehr schnell klar.

In Portugal wird sehr viel Wert auf das ganz feine Reiten und die penibel korrekte Ausführung der Lektionen gelegt. Neben der traditionellen Reitweise zur Arbeit mit den Rindern, die sich nur wenig von der spanischen Doma Vaquera unterscheidet, hat in Portugal die klassische Dressur einen sehr hohen Stellenwert.

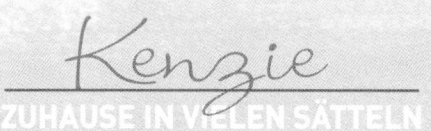
ZUHAUSE IN VIELEN SÄTTELN

Sie ist ein wichtiger Teil der beliebten und sehr faszinierenden Wettkämpfe der „Working Equitation", die inzwischen in ganz Europa an Beliebtheit gewonnen hat. Der spektakulärste Part bei diesem Sport ist, neben der Arbeit mit den Rindern, ein Trailparcours, der viel Geschicklichkeit verlangt und auf Zeit geritten wird. Diese vielseitige Verwendbarkeit der Lusitanos und die besonders feine Art zu reiten, das hatte mich neugierig gemacht und meinen Wunsch verstärkt, nach Portugal zu gehen. So war ich ziemlich aufgeregt, als ich meine Pferde James und Atila in den Hänger packte und mit ihnen nach Lissabon fuhr, genauer gesagt nach Cascais, das direkt am Meer liegt. Ich hatte die großartige Gelegenheit bekommen, einige Monate in Portugal bei einem der herausragendsten Reiter des Landes, der international erfolgreich als Trainer unterwegs ist, in die Schule zu gehen, bei Pedro Torres.

Es war für mich und meine Pferde eine ungemein spannende, anstrengende und vor allem sehr inspirierende Zeit. Jeden Tag ritt ich unter der Anleitung von Pedro seine sehr gut ausgebildeten portugiesischen Lehrpferde und erfuhr viel über die klassische Dressur. Durch die Arbeit mit seinen jungen Pferden lernte ich genauso viel über den Aufbau von verschiedenen aufeinanderfolgenden Lektionen. Schritt für Schritt kann man so einem Pferd schwierige Aufgaben wie Piaffe, Passage oder Pirouetten beibringen und es individuell fördern, ohne in die Gefahr zu laufen, es zu überfordern. Pedros strengen Augen entging keine Nachlässigkeit. Sein intensiver Unterricht war unglaublich effektiv, aber auch sehr anstrengend. Pedro Torres ist dabei immer gut gelaunt, lacht und ist freundlich bestimmt. Er verlangt von seinen Schülern in hohem Maße Korrektheit und Feinheit im Umgang mit den Pferden, vor allem bei den rasanten Übungen im Trailparcours, bei denen es im schnellen Galopp um Slalomstangen, über Brücken, Stangen und weitere Hindernisse geht. Ein solcher Parcours ist sehr anspruchsvoll und stellt hohe Anforderungen an die Wendigkeit und schnelle Kommunikation von Pferd und Reiter. Aber es macht unheimlich Spaß, diese Herausforderung gemeinsam mit dem Partner Pferd zu bewältigen, und gerade die temperamentvollen und wendigen Lusitanos sind wie geschaffen für diesen Sport!

Die Erfahrungen mit Pedros jungen Pferden haben mich in der Ausbildung meines eigenen Hengstes Atila einige Schritte weitergebracht, denn ich habe viele Anregungen bekommen, wie ich mit diesem Energiebündel umgehen sollte. Jeden Nachmittag ritt ich meine eigenen Pferde und versuchte, das Gelernte umzusetzen. Doch dabei wurde mir sehr schnell klar, dass nicht alles, was ich von Pedro gelernt hatte, auch bei meinen Pferden funktionierte und mit meiner Art und Weise zu reiten vereinbar war. Mein Ziel war und ist es noch, die hohe Reitkunst ohne Zaumzeug und Sattel zu zeigen und nicht, meine Pferde auf Dressurprüfungen vorzubereiten. Pedros Reitweise ist sehr technisch ausgerichtet, was vielleicht daran liegt, dass er ein Mann ist. Doch mir geht es mehr um die enge Verbindung zum Pferd, um das Einssein mit dem stolzen Lebewesen, um die perfekte Harmonie. Ich möchte mit meinem Pferd verschmelzen, es reiten, als ob zwei Wesen zusammen den gleichen Gedanken haben. Und so begann ich, mein Wissen, das ich von Pedro über das korrekte und feinfühlige Reiten der einzelnen Lektionen erworben habe, mit meinem eignen Reitstil zu kombinieren. Zusammen mit meinen Pferden versuchte ich, die Übungen so zu verfeinern, dass ich sie irgendwann auch ohne Zaumzeug in der Versammlung reiten konnte.

Ich werde niemals den morgendlichen Ausblick vergessen, der vom Reitplatz hinüber zu den Dünen geht, die dann an der Küste enden. Man sieht die Gischt der Wellen, die wie ein Schleier über der Brandung liegt. In der Früh, wenn ich im Stall anfing, lag noch dichter Nebel über dem Strand und ich habe selten so gefroren wie in diesen Wintermonaten in Cascais.

Die Zeit in Portugal war für mich persönlich unglaublich wichtig, ich habe viel gelernt und habe mich abgenabelt, wurde selbstständiger und habe auch meine Grenzen kennengelernt. Pedro ist nicht nur ein exzellenter Lehrer und begnadeter Reiter, sondern er ist auch zu einem lieben Freund geworden, den ich gerne besuche und der mich immer wieder mit seinem Humor überrascht. Bei unserem Abschied sagte er etwas sehr Schönes, das mich wirklich stolz gemacht hat: Er meinte er hätte viel von mir gelernt, da war ich doch etwas sprachlos. Er ist und bleibt einer meiner wichtigsten Lehrer und ein großes Vorbild!

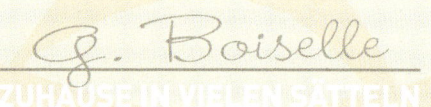

WAS IST **WORKING EQUITATION**?

Die Wiege der rasanten und sehr anspruchsvollen Wettkämpfe der „Working Equitation" liegt auf der iberischen Halbinsel, vornehmlich in Portugal. Dort entwickelten sich, wie fast überall im alten Europa, verschiedene Arbeitsreitweisen aus der Notwendigkeit heraus, große Rinderherden zu treiben und zu hüten. In fast allen Ländern wurde hierfür eine spezielle Pferderasse gezüchtet, die mutig, ausdauernd, wendig und extrem nervenstark ist: in Spanien die Pura Raza Española, in Portugal die Puro Sangue Lusitano, in Frankreich die Camargue-Pferde und in Italien die Maremmani. Da es sich bei den zu hütenden Herden um Wildrinder handelte, mussten auch die Hirten, die Vaqueros, Guardians und Butteri äußerst präzise und fein reiten, denn diese Tiere waren nicht zu vergleichen mit den domestizierten Rinderherden in den USA und Australien. Auch heute noch werden in vielen dieser Länder Rinder auf diese traditionelle Art und Weise gehütet.

Anfang der 1990er-Jahre entstand die Idee, für diese regionalen europäischen Arbeitsreitweisen einen internationalen Verband, gemeinsame Standards und Vergleichswettkämpfe ins Leben zu rufen, um dieses historische Kulturgut so vor dem Verschwinden zu retten – die Working Equitation war geboren. Trotz gemeinsamer Regeln bleibt der regionale Charakter in den Wettkämpfen erhalten, denn die Teilnehmer treten in landestypischer Kleidung und traditioneller Ausrüstung gegeneinander an. Gut ausgebildete Doma Vaquera-Pferde bringen die besten Voraussetzungen mit, um bei Working Equitation-Turnieren vorne mitzureiten. Die vier verschiedenen Disziplinen der Master-Klasse werden einhändig auf Kandare geritten und bestehen aus der klassischen Dressur, einem Trail, der Rittigkeit, Vertrauen und Gehorsam der Pferde überprüft, einem rasanten und spektakulären Speed-Trail gegen die Zeit und aus der Arbeit mit den Rindern. Dabei wird ein zugewiesenes Rind aus der Herde separiert und in einen Corral getrieben, während die Zeit mitläuft.

Die zentrale Grundlage der Working Equitation ist die klassische Dressur. Für die vielfältigen Aufgaben ist nicht nur ein feinfühliger, geschickter Reiter nötig, sondern auch ein aufmerksames, gut gerittenes Pferd, das an feinen Hilfen steht und zudem temperamentvoll und reaktionsschnell ist. Seit 1996 werden internationale Wettbewerbe zwischen den Ländern mit Vaquero-Tradition ausgetragen. Im Jahr 2002 kamen England und Belgien dazu und seit 2008 sind Deutschland, Schweden und Österreich dabei. Diese Länder, in denen die Arbeitsreitweise der Rinderhirten nicht historisch verankert ist, adaptierten diesen Reitstil sozusagen für sich. Der übergeordnete Dachverband ist die WAWE (World Association for Working Equitation) und hat seinen Sitz in Portugal.

Der besondere Reiz dieser Wettbewerbe lässt einen nicht mehr los, egal ob als Reiter oder als Zuschauer. Vor allem, wenn man sieht, wie Reiter und Pferd zusammen über den Parcours fegen und wenn man den Spaß und die Freude spürt, die beide haben, wenn sie die vielen Geschicklichkeitsaufgaben gemeinsam lösen. Grundsätzlich ist dieser abwechslungsreiche Sport offen für alle Pferderassen und Reiter, die Spaß daran haben, ihre Pferde gut auszubilden, fein zu reiten und einen Geschicklichkeitsparcours zu absolvieren, der die Aufgaben der früheren Rinderhirten darstellt.

PEDRO TORRES
ÜBER *Kenzie*

Vor einigen Jahren lernte ich mit Kenzie eine besondere junge Frau kennen, die durch ihre Begabung und ihre besondere Sensibilität in der Kommunikation mit Pferden mein Interesse weckte. Ich empfand es als Privileg, sie zu unterrichten und bemerkte schnell ihr unglaubliches Potential als Reiterin. Kenzie strahlt auf wundervolle Weise eine positive Energie aus, die in Kürze alles und jeden um sie herum ansteckt, und das überträgt sich auch auf die Pferde. Obwohl sie noch sehr jung ist, hat sie schon viel Erfahrung mit Pferden und steckt voller Wissbegierde, mehr zu lernen und sich stetig zu verbessern. Dies macht sie zu einer idealen Pferdefrau. Mit ihren eignen Pferden liebt sie es, völlig frei zu arbeiten, was ungewöhnlich und beeindruckend ist.

Sie kann Tipps und Hinweise zur Reittechnik sehr schnell umsetzen und hat in der Zeit, die sie auf meinem Hof verbracht hat, unglaublich schnell Fortschritte gemacht. Dies lässt mich mit absoluter Sicherheit sagen, dass Kenzie mit ihrer Ausstrahlung und ihrer Begabung, gleichgültig, was sie in Zukunft mit Pferden machen wird, in der Pferdewelt immer Erfolg haben wird.

Es war und ist für mich persönlich eine besondere Freude, Kenzie als Freund und als Lehrer kennengelernt zu haben.

Pedro Torres

Pedro Torres ist einer der erfolgreichsten Reiter Portugals und mehrfacher Welt- und Europameister in der Working Equitation. Er trainiert und unterrichtet in seinem Ausbildungsstall in Cascais, Portugal.

Kenzie
MEIN PERSÖNLICHER
REITSTIL

Obwohl ich oft in portugiesischem Outfit auf meinen beiden Lusitanos reite, ist meine persönliche Art zu reiten nicht wirklich portugiesisch, genauso wie sie nicht rein spanisch ist, wenn ich die Doma Vaquera-Lektionen mit der Garocha reite. Auch wenn ich mich in den Westernsattel schwinge und mit den Quarter Horses auf unserer Hacienda arbeite, spielen die Erfahrungen, die ich in den anderen Reitweisen gemacht habe, eine große Rolle. Ich möchte mich nicht auf die eine oder andere Reitweise spezialisieren und darauf beschränken lassen. Im Gegenteil, ich möchte das Wissen und die Hintergründe der vielen unterschiedlichen Reitstile, die ich erlernen durfte, nutzen, um kreativ mit meinen Pferden arbeiten zu können, und mir die Techniken und Elemente herausnehmen, die mir am Logischsten und Angenehmsten erscheinen, um meinen Pferden neue Lektionen beizubringen und die Harmonie zu erreichen, nach der ich strebe.

Am häufigsten und auch am liebsten reite ich die spanische Doma Vaquera. Doch meine Art der Hilfegebung und Kommunikation mit dem Pferd ist dennoch sehr beeinflusst von der portugiesischen Art des feinen und präzisen Reitens, die ich bei Pedro Torres kennengelernt habe.

Auch der altkalifornische Westernreitstil meines Vaters hat mich sehr geprägt, und ich nutze viele Elemente dieser Reitweise, um gerade mit jungen Pferden zu arbeiten. Denn meiner Erfahrung nach sind die altkalifornischen Methoden eine sehr angenehme und leicht verständliche Art und Weise, um gerade wenig ausgebildete Pferde an die Arbeit unter dem Sattel heranzuführen. Jedoch nutze ich auch bei meinen schon sehr weit ausgebildeten Pferden Elemente des altkalifornischen Stils, da dieser für mich eine ideale Brücke zum freien Reiten ohne Zaumzeug bietet. Denn normalerweise werden die versammelnden Lektionen der Doma Vaquera in Anlehnung, also mit stetem Zügelkontakt geritten. Wenn ich diese nun ohne Zaumzeug reiten möchte, muss ich das Pferd wie in der Westernreitweise vermehrt über meinen Sitz und über Impulse in die richtige Richtung und im richtigen Moment lenken und ihm beibringen, sich auch ohne Anlehnung aufzunehmen und zu versammeln. Sodass das Pferd fast wie von alleine schon auf die kleinsten Hilfen hin reagiert und mit mir in enger Verbindung steht – auch ganz ohne technische Hilfsmittel.

Mein Ziel ist es, die Leichtigkeit und Lässigkeit des Westernreitens mit der Eleganz der komplexen Dressurlektionen der Doma Vaquera zu verbinden und mit minimaler Hilfengebung das individuelle Talent und die Persönlichkeit meines Pferdes zum Strahlen zu bringen.

Wer kennt sie nicht aus dem Zirkus, die Freiheitsdressur: zehn weiße Araber-Hengste mit roten Federn am Kopf, ausgebunden und mit weißem Zaumzeug erheben sich beim Peitschenknall auf die Hinterhand. Beim nächsten Peitschenknall drehen sie sich um ihre eigene Achse und beim erneuten Peitschenknall das nächste Kunststückchen usw. Das Publikum klatscht Beifall, die Vorstellung sieht so schön aus. Doch was hat das, was die Pferde zeigen, mit Freiheit zu tun? Es ist eine Dressur und letztlich eine Form der Unterwerfung für die Pferde.

Die Zeiten haben sich geändert, und wir haben gelernt, Pferde besser zu verstehen und zu respektieren. Was uns heute Menschen wie Kenzie Dysli vormachen ist, dass wir das Pferd einladen können, mit uns zu spielen und zu arbeiten. Wir können ihnen mitteilen, was wir gerne mit ihnen erreichen möchten, und sie sind interessiert und gelehrig genug, dies anzunehmen und zu kooperieren. Die Bodenarbeit ist ein wichtiger Teil des Übersetzungsprogramms: Was meint der Mensch, wenn er das oder jenes tut?, fragt sich das Pferd. Erst durch ein wortloses Verstehen fasst das Pferd Vertrauen und dies ist die Voraussetzung für alles, was dann noch kommt. Doch es gibt keine allgemeingültige Gebrauchsanweisung. „Jedes Pferd ist anders", sagt Kenzie. Sie erzählt von ihren Erfahrungen und beschreibt die einzelnen Ausbildungsschritte. Doch sie möchte keine neue Methode propagieren. Was ihr am Herzen liegt, ist, jeden Reiter zu ermutigen, sich auf verschiedenen Ebenen mit seinem Pferd einzulassen und einen persönlichen Weg zu dessen Seele zu finden.

Kenzie
FREI –
OHNE SATTEL UND ZAUMZEUG

Kenzie
GLÜCKSGEFÜHL AUF BLANKEM PFERDERÜCKEN

Wenn ich ohne Sattel und Zaumzeug auf dem Pferderücken sitze und zusammen mit meinem Pferd durch die Landschaft fliege, dann verspüre ich eine absolute Einheit und innere Verbundenheit mit diesem wundervollen Wesen, das in mir ein unglaubliches Glücksgefühl auslöst. Pure Lebensfreude pulsiert durch meinen Körper, und ich fühle jede einzelne Bewegung und jeden Muskel meines Pferdes, als wäre es mein eigener. Es ist, als ob wir zu einem Wesen verschmelzen und zusammen fliegen könnten – frei und doch verbunden, ohne irgendwelche technischen Hilfsmittel oder Begrenzungen. Für mich bedeutet dies, einfach einmal loszulassen, das Zepter abzugeben, mich dem reinen Vertrauen zum Pferd hinzugeben und mich führen zu lassen, ohne die exakte Kontrolle über jeden Schritt zu haben, einfach im Hier und Jetzt mit dem Pferd zu sein. Es ist genau dieses Gefühl, nach dem ich mich immer wieder sehne und das mich mit Stolz erfüllt, wenn ich es spüre. Wenn ich fühle, dass das Pferd mir zuhört, ganz bei mir ist und wir uns durch kleinste Zeichen verständigen können, wenn wir gemeinsam entscheiden, was wir tun und welchen Weg wir gehen.

Neben all den verschiedenen Reitweisen, die ich erlernen durfte, die ich täglich praktiziere und immer wieder zu perfektionieren suche, ist das komplett freie Reiten ohne Sattel und Zaumzeug für mich das unerreicht Schönste, das kann ich immer nur wiederholen. Es ist einfach der Moment, in dem die eigene Beziehung zum Pferd am intensivsten erlebbar ist. Wenn ich zum Beispiel zusammen mit meinem Hengst Atila ohne irgendwelche Hilfsmittel, nur mit einem Halsring die schwierigen und kraftvollen Lektionen der Doma Vaquera reite und ich ganz genau spüre, wie er schon im Voraus zu erahnen versucht, was ich möchte und mir ganz ohne irgendwelchen Druck oder Zwang folgt. Dann verschmelzen wir zu einer harmonischen Einheit, als ob unsere Gedanken sich verbinden würden. Es ist einfach ein unbeschreibliches Gefühl, für das alle Worte der Welt nicht ausreichen ...

Um dies zu erreichen und um mit einem Pferd soweit zu kommen, braucht man jedoch erst einmal viel Zeit und Muße für das gegenseitige Kennenlernen und eine vertrauensvolle Grundlage in der Kommunikation sowie der gemeinsamen Arbeit mit dem Pferd. Auch wenn viele genau davon träumen, sich einfach auf ihr Pferd zu schwingen und loszureiten, würde dies, ohne eine entsprechende Übung und vertrauensvolle gegenseitige Bindung, zu Missverständnissen, Konflikten und damit vielleicht auch zu gefährlichen Situationen führen.

GLÜCK

Kenzie
FREI – OHNE SATTEL UND ZAUMZEUG

Für ein Fotoshooting mit Gabriele Boiselle und ihren Seminarteilnehmern hat Stefan Baumgartner Kenzie und James extra an den Strand von Tarifa gefahren. Es entstanden wundervolle Bilder von Kenzie, wie sie mit James am Meer tanzt.

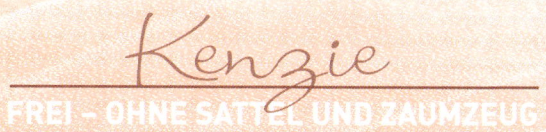
FREI – OHNE SATTEL UND ZAUMZEUG

VERBUNDEN AM UNSICHTBAREN FADEN

FREIHEIT, KOMMUNIKATION UND VERTRAUEN – DIE GRUNDLAGEN

Doch wie erreicht man eine vertrauensvolle, intensive Verbindung zum Pferd und wie unterscheidet sie sich vom simplen „Akzeptiert-Sein"?

Wenn ich mit einem Pferd in Kontakt treten möchte und verstehen will, wie es denk, fühlt und reagiert, dann muss ich mich als „Raubtier" Mensch mit dem Fluchttier Pferd auf eine Ebene – den Boden – stellen und eine kommunikative Grundlage finden, die für beide verständlich ist.

Im Gegensatz zum Menschen kommunizieren Pferde untereinander in einer Herde durch ihre natürliche Körpersprache. Über Haltungen, Mimik, Körpersignale und Aktionen macht das Leittier den anderen Herdenmitgliedern unmissverständlich klar, was es will. Wenn ich nun als Mensch mein Pferd zur Kooperation bewegen möchte, muss ich erst einmal sein Interesse wecken und mithilfe meiner Körpersprache und feiner Gesten das Pferd auf mich aufmerksam machen. Ich muss eine einladende Atmosphäre des Vertrauens und der Sicherheit schaffen.

Dies erfordert einerseits viel Einfühlungsvermögen und eine feine Beobachtungsgabe, andererseits aber auch viel Konzentration und Selbstreflexion. Denn wenn ich nicht eindeutig bin mit meiner Körpersprache, meiner Stimme oder den Bildern, die ich in meinem Kopf produziere, oder zu viel Druck mache und das Pferd mit meinen Erwartungen überfordere, dann hat es bei der freien Arbeit jederzeit die Möglichkeit, wegzulaufen und sich der Situation zu entziehen. Ich kann also nicht mogeln. Es liegt an mir, die Aufmerksamkeit des Pferdes wieder zu erlangen und den Austausch und die Kommunikation mit mir wieder interessant zu machen.

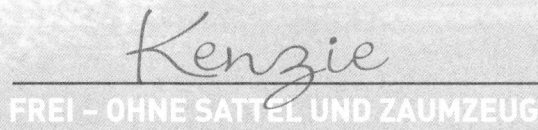
FREI – OHNE SATTEL UND ZAUMZEUG

DAS **FÜHREN UND LEITEN** – WER BEWEGT WEN?

Als Herdentiere sind Pferde auf den Schutz der Gruppe angewiesen, die ihnen Sicherheit vermittelt. Innerhalb der Herde gibt es Regeln und eine mehr oder weniger feste Rangordnung, die alle Herdenmitglieder befolgen müssen, um zu wissen, wo sie stehen, und die ihnen einen schützenden Rahmen bietet. Nur so können sich die Pferde wirklich wohlfühlen. In jeder noch so kleinen Gruppe von Pferden wird sich immer ein Leittier finden, dem sich die anderen anschließen und folgen. Dabei muss dies nicht immer zwingend das stärkste und dominanteste Tier sein, denn auch bei Pferden haben echte Führungsqualitäten nicht unbedingt etwas mit körperlicher Kraft, wohl aber etwas mit körperlicher und geistiger Präsenz und Ausstrahlung zu tun.

Da ich das besondere Glück hatte, inmitten von Pferden aufzuwachsen, habe ich schon als Kind gerne unsere Stutenherde auf den Weiden beobachtet. Meist saß ich unter einem der alten Olivenbäume und schaute den Pferden zu, wie sie sich miteinander „unterhielten", wer wem weichen musste und wann ein Pferd freundlich eingeladen wurde, näherzukommen. Es war verblüffend, mit welch winzigen Hinweisen, wie zum Beispiel die kleinste Bewegung eines Ohres oder einem einzigen Blick, die Pferde sich untereinander mitteilten, was noch erlaubt war und was nicht. Schon damals hat mich eine große Neugier gepackt, mehr über die Körpersprache der Pferde zu erfahren und sie verstehen zu wollen. Ich fing an, meinen eignen Körper als „Sprache" zu benutzen und auszuprobieren, ob auch meine „Zeichen" von den Pferden verstanden werden – und es funktionierte. Von diesem Zeitpunkt an begann ich, meine Kommunikation und Körpersprache immer mehr zu verfeinern, mit dem Ziel, eine möglichst intensive Verbindung zu meinen Pferden über die Freude des Miteinanders aufzubauen. Denn was gibt es Schöneres, als wenn ein Pferd aus freiem Willen und mit Freude auf uns zukommt, uns neugierig auffordert und uns ohne Zwang überall hin folgt und freiwillig bei uns bleibt?

Doch wie erreiche ich es, dass sich ein Pferd bei mir wohlfühlt und gerne in meiner Nähe ist? Natürlich kann ich dem Pferd nicht den Schutz und die Sicherheit einer Herde ersetzen, aber ich kann versuchen, so gut wie es mir eben möglich ist, ihm wenigstens dieselben Gefühle zu vermitteln, die es in einer Herde spüren würde: das Gefühl von Vertrauen, Geborgenheit, Anerkennung, Respekt und Ordnung.

Schon wenn ich an ein fremdes oder neues Pferd herantrete und Kontakt zu ihm aufnehme, versuche ich, Vertrauen aufzubauen, es kennenzulernen und über die Körpersprache mit ihm zu kommunizieren. Ich versuche, das Pferd zu streicheln und wenn es mich lässt, beginne ich damit, es überall zu berühren, um ihm so zu signalisieren, dass es mir vertrauen kann und ich ihm nichts tun werde. Gleichzeitig lerne ich so das Pferd auch besser kennen und merke, ob es irgendwelche sensiblen Stellen hat, an denen ihm Berührungen unangenehm sind. Außerdem sehe ich, an welchen Stellen es Berührungen genießen und sich dadurch entspannen kann. Langsam fange ich dann an, das Pferd zu bewegen. Mit den ersten Übungen des Führens und des Weichens nehme ich ganz klar und ohne Zwang die Position des Leittieres ein. Denn dadurch, dass ich diejenige bin, die das Pferd bewegt, ihm sage, wo es hingehen und in welcher Geschwindigkeit es sich bewegen soll, weise ich dem Pferd seinen Platz in der Rangordnung unserer „Miniherde" zu. Dabei geht es mir ganz und gar nicht darum, das Pferd irgendwie zu dominieren oder zu unterdrücken, sondern ich möchte über meine eindeutige Körpersprache und konsequente Haltung eine Kommunikationsebene mit dem Pferd finden und eine Verbindung zu ihm aufbauen.

Lusitanostuten des Gestüts Casa Cardaval, Portugal

FREI – OHNE SATTEL UND ZAUMZEUG

PRAXISTEIL

LEKTION 1
FÜHRPOSITION

Die ideale Position, um das Pferd als Leittier zu „führen", ist parallel zum Pferd zu stehen, zwischen Schulter und Ganaschen. Jeder kann und sollte dies natürlich individuell für sich und sein Pferd festlegen, aber in dieser Position habe ich die Möglichkeit, ständig in Kontakt mit meinem Partner zu bleiben, da ich die Ohren, Augen und das Mienenspiel des Pferdes gut im Blick habe. Gleichzeitig kann ich aus dieser Position heraus, sollte es mir nicht schon beim ersten Loslaufen folgen, ganz leicht und schnell die Hinterhand aktivieren, ohne selbst meine Position verlassen oder verändern zu müssen. Bleibt das Pferd in dieser Position neben mir, lobe und bestätige ich es sofort. Laufe ich nun los und verlasse diese Position, muss ich das Pferd dazu animieren, immer wieder gerne in diese „Komfortzone" zurückzukehren und mir somit zu folgen. Läuft das Pferd nicht gleich mit, gebe ich ihm einen Impuls zum Losgehen, indem ich es im Losgehen ganz leicht mit der Gerte an der Hinterhand touchiere. Möchte es nun an mir vorbeistürmen, habe ich schnell die Möglichkeit, es mit der Gerte vorne an der Schulter zu begrenzen und damit zu stoppen. Sobald das Pferd die Position neben mir wieder erreicht hat, lasse ich es in Ruhe und lobe es sofort. Nach ein paar konsequenten Übungen wird das Pferd mir in alle Richtungen folgen und sich immer wieder in diese „Komfortzone" begeben. Dies kann man natürlich nicht nur im Schritt, sondern in allen Gangarten üben. Dabei ist es wichtig, dass man nicht sein Pferd in irgendeine Richtung schickt, sondern dass man sich selbst bewegt und dem Pferd die Chance gibt, zu entscheiden und zu folgen. So lernt es, ganz aufmerksam auf den Menschen zu achten und sich spielerisch mit ihm zu bewegen. Je schneller dabei die Wechsel der Richtungen und Gangarten sind, desto mehr wird die Aufmerksamkeit und die Verspieltheit gerade junger Pferde animiert und umso mehr Spaß haben beide!

Bei alldem ist es mir wichtig, immer die individuellen Bedürfnisse und Fähigkeiten eines Pferdes zu berücksichtigen und zu respektieren. Nicht jedes Pferd wird dies sofort verstehen und perfekt umsetzen können.

Daher gebe ich meinem vierbeinigen Partner immer die Zeit und die Freiheit, die er braucht, um Vertrauen aufzubauen und zu verstehen, was ich von ihm möchte. Eine gute Partnerschaft zwischen Mensch und Pferd beruht meiner Ansicht nach vor allem auf gegenseitigem Vertrauen, Respekt und auf Fairness im Umgang miteinander: „Ich beschütze dich, passe auf dich auf und du folgst mir dafür ..."

Dies funktioniert aber nur, wenn auch ich selbst dem Pferd Vertrauen entgegenbringe, es respektvoll und fair behandle und diesen Respekt auch vom Pferd mit liebevoller Konsequenz einfordere.

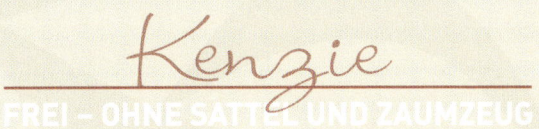

Kenzie
FREI – OHNE SATTEL UND ZAUMZEUG

> **PRAXISTEIL**
>
> ## LEKTION 2
> ## DEM DRUCK WEICHEN OHNE ZWANG

Sobald ich die Aufmerksamkeit meines Pferdes auf mich konzentrieren kann, es sich bei mir wohlfühlt und mir gerne folgt, kann ich anfangen, weitere Übungen einzubauen, um unser gegenseitiges Miteinander zu verfeinern. Schritt für Schritt beginne ich, mein Pferd in bestimmte Richtungen zu bewegen oder es weichen zu lassen. Dazu verwende ich möglichst nicht mehr Druck als den einer Fliege, die sich auf dem Pferdekörper niederlässt. Es ist schon erstaunlich, was passiert, wenn sich eine kleine, leichte Fliege auf die Schulter eines Pferdes setzt. Nicht lange und das Pferd fängt an, mit seiner Haut genau an dieser Stelle zu zucken, um die Fliege zu vertreiben. Bleibt die Fliege sitzen, so beginnt das Pferd, mit dem Kopf oder mit dem Schweif nach der Fliege zu schlagen oder stampft mit dem Bein auf.

Wenn so ein leichter Druck wie der einer Fliege solche Reaktionen und so viel Aktivität beim Pferd auslösen kann, warum meinen wir Menschen dann eigentlich, so viel mehr Druck und Kraft aufwenden zu müssen, um ein Pferd zu bewegen?

Ich muss dem Pferd nur verständlich machen, dass es sehr viel angenehmer ist, schon auf die ersten kleinen Signale zu reagieren. Wenn mir dies gelungen ist, brauche ich nur noch ganz leise und feine, fast unsichtbare Gesten, um meinem Pferd mitzuteilen, was ich von ihm möchte. Dafür benutze ich drei Stufen von Signalen und Druckintensitäten, die ich auf das Pferd ausübe, um eine Reaktion auszulösen.

Erste Stufe:
Meine Hand berührt nur leicht das Fell des Pferdes und ich gebe eine minimale Stimmhilfe dazu, um das Pferd zu animieren.

Zweite Stufe:
Ich verstärke die Berührung meiner Finger, so dass ich leichten Druck auf die Haut ausübe und gebe kleine Impulse.

Dritte Stufe:
Der Druck wird wiederum verstärkt und ich kneife das Pferd sanft in den Muskel.

Letzteres stellt für das Pferd eine Art „Biss" dar, der so ähnlich in der Herde auch von den ranghöheren Tieren benutzt wird, um in der Hierarchie weiter unten stehende Pferde zu vertreiben oder weichen zu lassen. Also ein Signal, das der natürlichen Kommunikation der Pferde sehr nahekommt und daher leicht verständlich ist. Durch die stufenweise Verstärkung des Drucks lernen Pferde schnell, schon bei der ersten Stufe zu reagieren. Meine Stimme setze ich grundsätzlich immer mit ein, denn ich finde es unheimlich schön und faszinierend, wenn ein Pferd schon auf ganz leise und feine Stimmsignale reagiert und somit eine unsichtbare, fast magische Verbindung zwischen uns beiden entsteht.

Die gleiche Achtsamkeit, die ich vom Pferd erwarte, muss auch ich ihm entgegenbringen und schauen, dass das Pferd stets motiviert und interessiert bleibt. Es soll

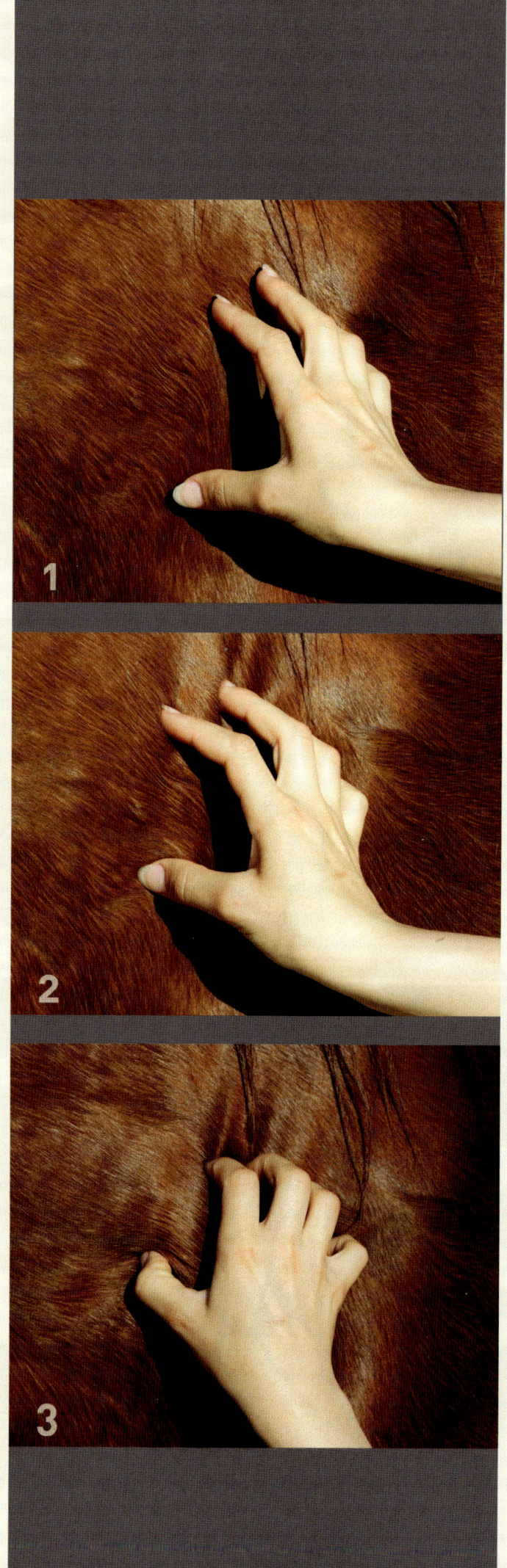

Kenzie
FREI – OHNE SATTEL UND ZAUMZEUG

auf meine Signale achten und gerne darauf reagieren, ohne Angst oder Widerstand, und es soll Spaß an der ganzen Sache haben. Das häufige und prompte Loben spielt dabei eine immens wichtige Rolle. Sobald schon die kleinste Reaktion in die gewünschte Richtung erfolgt, lobe ich überschwänglich und lasse das Pferd kurz ruhen, um ihm einen Moment der Entspannung und die nötige Zeit zum Nachdenken zu geben. So schaffe ich für uns beide eine angenehme Arbeitsatmosphäre. Das wichtigste Ziel sollte immer das Verstehen sein und nicht das reine Befolgen von Kommandos. Nur so kann eine echte Kommunikation, eine Art Dialog mit dem Pferd stattfinden.

Arbeite ich mit einem schlauen Pferd, das schnell lernt, darf ich es auf keinen Fall durch ständiges Wiederholen derselben Aufgaben langweilen, denn es würde dadurch seine Motivation verlieren und sich vielleicht lieber in seinen Augen interessanteren Dingen widmen. Generell ist in der täglichen Arbeit mit Pferden viel Abwechslung gefragt. Und wenn ein Pferd eine Aufgabe überhaupt nicht versteht, ist es oft besser, diese erst einmal ruhen zu lassen und etwas anderes zu versuchen, das ihm vielleicht leichterfällt, als unbedingt und verbissen auf der korrekten Durchführung dieser bestimmten Lektion zu bestehen oder diese erzwingen zu wollen.

Kenzie
FREI – OHNE SATTEL UND ZAUMZEUG

RÜCKWÄRTSRICHTEN

Möchte ich nun ein Pferd in eine bestimmte Richtung rückwärts oder seitlich weichen lassen, nutze ich drei verschiedene Körperregionen für meine Signale, um dem Pferd verständlich zu machen, was ich von ihm möchte und welches Körperteil in welche Richtung weichen soll.

Zum **Rückwärtsrichten** lege ich meine Hand direkt vorne an die Brust.

Für das **Verschieben der Vorhand** nach links oder rechts nutze ich den Bereich seitlich an der Schulter.

Für das **Weichen der Hinterhand** einen Bereich seitlich an der Bauchpartie.

Natürlich kann jeder diese Druckpunkte individuell für sich und sein Pferd selbst bestimmen. Hauptsache, sie bleiben während der Arbeit mit dem Pferd immer dieselben, damit die Signale klar und verständlich bleiben. Je nachdem, in welche Richtung ich das Pferd nun bewegen oder weichen lassen möchte, baue ich die Intensität meiner Impulse an der entsprechenden Körperregion in den drei genannten Stufen auf, immer unterstützt durch meine Stimme, bis das Pferd reagiert. Dann erfolgt sofort das Loben und eine Ruhephase.

Durch diese Aktion-Reaktion-Übung soll die Kommunikation spielerisch so verfeinert werden, dass das Pferd auf die feinsten Signale reagiert und sich Mensch und Pferd fast wie zwei Tänzer miteinander bewegen.

ULYSSES

round pen

Kenzie
FREI – OHNE SATTEL UND ZAUMZEUG

DAS PFERD BEWEGEN

Ein Pferd mit nahezu unsichtbaren Gesten und leisen Stimmhilfen zu leiten und zu bewegen ist erst möglich, wenn die Grundlagen der Kommunikation gefestigt sind und eine vertrauens- und respektvolle Beziehung zwischen Mensch und Pferd existiert. Damit beide sich im Gleichklang bewegen, als ob sie durch einen unsichtbaren Faden verbunden wären, muss das Pferd sehr aufmerksam und sehr interessiert sein, da es ja auf kleinste Bewegungen und Stimmlaute reagieren soll. Dies erfordert von beiden höchste Konzentration und eine absolut bewusste Körpersprache.

Und genau da liegt oft das Problem, denn diese klare Körpersprache muss man sich als Mensch erst einmal wieder erarbeiten. In unserem täglichen Leben spielt sie fast keine Rolle mehr, wir sind uns unserer eigenen Gesten und körperlichen Signale meist gar nicht mehr bewusst. Pferde hingegen kommunizieren fast ausschließlich über ihren Körper, daher ist ihre Reaktion auf die Sprache unseres Körpers auch viel intensiver und direkter als uns das oft klar ist. Nicht, dass wir Menschen diese Sprache des Körpers nicht in uns tragen würden, wir haben nur meist einfach im Laufe des Lebens vergessen, sie zu nutzen. Doch manchmal, wenn wir auf unerklärliche Weise auf andere Menschen reagieren, und wir uns unser Gefühl nicht genau erklären können, ist es oft die Körpersprache unseres Gegenübers, die uns dieses Gefühl vermittelt. Autorität, Sympathie, Unsicherheit, Angst, Antipathie signalisieren wir häufig ganz deutlich und unbewusst über unsere Körperhaltung und genau dies erkennen und reflektieren die Pferde. Doch mit etwas Wille zur Selbstreflexion und Sensibilität ist eine klare und bewusste Körpersprache durchaus erlernbar. Genauso wie das Pferd „lernen" muss, unsere Körpersignale und Gesten zu interpretieren, müssen wir unser Pferd beobachten und seine Stimmungen und Signale lesen lernen.

Kenzie
FREI – OHNE SATTEL UND ZAUMZEUG

PRAXISTEIL

LEKTION 3
SEITWÄRTS IM DUETT

Eine Übung, die diese feine kommunikative Ebene gleichermaßen erfordert und fördert ist das „Seitwärts im Duett". Hierbei geht es darum, das Pferd mit fast unsichtbaren Hilfen, nur über die eigene Bewegung dazu zu bringen, wie ein Spiegelbild mit dem Menschen seitwärts zu laufen und dabei Vorderbeine und Hinterbeine zu kreuzen.

Anfangs stelle ich mich noch recht nahe vor das Pferd, um einen direkter Einfluss zu haben und die Reaktionen des Pferdes besser leiten zu können. Im ersten Schritt hebe ich meinen Arm und zeige mit der Hand nach rechts oder links – je nachdem, in welche Richtung wir uns gemeinsam bewegen wollen. In der anderen Hand halte ich die Gerte als verlängerten Arm und hebe diese leicht an, um dem Pferd den Impuls zur Bewegung zu geben. Noch zeige ich keine weitere Regung, sondern halte die Position und unterstütze meine Gesten stimmlich mit einem Schnalzen. Falls es auf diese ersten Zeichen noch nicht reagieren sollte, touchiere ich das Pferd als dritten Schritt vorsichtig an der Seite, mehr Richtung der Hinterhand, damit diese auch wirklich seitlich weicht.

Kenzie
FREI – OHNE SATTEL UND ZAUMZEUG

PRAXISTEIL

LEKTION 4
SEITWÄRTS AUF MICH ZU

Etwas schwieriger ist die Übung „Seitwärts auf mich zu". Dabei stehe ich seitlich neben dem Pferd und bewege mich rückwärts gehend von ihm weg. Das Pferd soll mir im Seitwärtsgang folgen – also seitwärts mit überkreuzender Vor- und Hinterhand. Besonders schwierig ist dies, da ich ja mit meinen Impulsen das Pferd nicht mehr in eine Richtung von mir weg weichen lasse, sondern die treibende Position eines ranghöheren Herdenmitglieds verlasse und in eine eher lockende Stellung wechsle.

Einleitend beginne ich bei dieser Übung erst einmal mit dem normalen Weichen der Hinterhand auf ein leichtes Touchieren mit der Gerte. Dann wechsle ich auf die andere Seite des Pferdes und touchiere mit der Gerte über den Rücken hinweg dieselbe Hinterhandseite wie vorher. Dass ich jetzt auf der anderen Seite stehe und ein Weichen auf mich zu erfrage, ist für viele Pferde erst einmal verwirrend. Daher sollte man ganz besonders geduldig sein.

Wenn das Pferd die Aufgabe kennt, kann man auch ein paar Schritte mehr verlangen. Immer belohnend, indem man, sobald es sich bewegt, aufhört zu touchieren, aber weiterhin die Gerte oben behält, so dass das Pferd lernt, sich weiterzubewegen, ohne dass es von der Gerte berührt wird.

Hat das Pferd immer noch keine Idee, was ich von ihm möchte, so führe ich es am Halfter seitlich mit mir mit, um die Seitwärtsbewegung zu provozieren und dem Pferd eine klare Bewegungsrichtung zu zeigen. Sobald das Pferd auch nur ein, zwei Schritte seitwärts mit mir gegangen ist, lobe ich es sofort und gebe ihm etwas Zeit, über das Ganze nachzudenken. Dann wiederhole ich die Übung. Meist wissen die Pferde schon nach wenigen Malen, was gemeint ist, und reagieren immer früher auf meine Impulse. Wenn dies gut funktioniert und das Pferd aufmerksam und mit Spaß bei der Sache ist, dann vergrößere ich den Abstand zu ihm und versuche es aus der Ferne nur mit feinen Gesten, Körpersprache und Stimme zu animieren, sich parallel mit mir zusammen seitwärts zu bewegen. So entsteht ein tänzerisches und spielerisches Miteinander, als seien Mensch und Pferd mit einem unsichtbaren Faden verbunden.

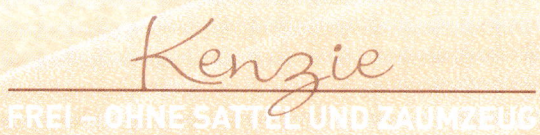

GRENZEN ERKENNEN UND SETZEN

Durch meine Arbeit mit den unterschiedlichsten Pferden habe ich gelernt, wie enorm wichtig es ist, mehr auf das Pferd einzugehen und meine Arbeitsweise seinem individuellen Charakter anzupassen und nicht immer meinen eigenen Willen, meine Vorstellungen und Erwartungen durchzusetzen. Gerade durch den Umgang mit dominanten, aber sehr sensiblen Pferden wie meinem Lusitano-Hengst Atila habe ich gelernt, die Grenzen der Leistungsfähigkeit und der Motivation des Pferdes rechtzeitig zu erkennen, bevor es sich aus der Kommunikation mit mir zurückzieht oder seine Reaktionen in Gegenwehr und Aggression umschlagen. Dies ist vor allem im Umgang mit Hengsten ungemein wichtig, denn sie neigen immer mal wieder dazu, auszutesten, ob die gesetzten Grenzen noch gelten, oder fühlen sich schnell durch ein Zuviel an Druck herausgefordert und provoziert. Es ist immer eine Art Balanceakt, den man halten muss und für den man enorm viel Fingerspitzengefühl und eine gute Beobachtungsgabe braucht. Ich muss die kleinsten Zeichen erkennen können, um eine Situation, die Stress oder gar Aggression verursachen könnte, schon von vornherein abzufangen und sie in eine entspanntere Richtung aufzulösen.

Andererseits muss ich sehr konsequent darauf achten, dass ein gewisser Respekt mir gegenüber vom Pferd eingehalten wird, dass es mich nicht ignoriert, überrennt oder sich rüpelhaft und distanzlos mir gegenüber benimmt. In so einem Fall muss ich genauso deutlich Grenzen setzen, wie es ein ranghohes Tier in der Herde tun würde. Da helfen keine feinen Gesten mehr, da muss ein sehr überzeugtes „Stop – bis hierhin und nicht weiter" ausgesprochen werden! Dies darf aber niemals aus der eigenen Wut oder Enttäuschung heraus motiviert sein. Es muss immer prompt, fair und für das Pferd klar verständlich sein. Sobald das Pferd weicht oder nachgibt, muss ich mich unbedingt wieder freundlich und einladend verhalten. Das Überschreiten von Grenzen kann im schlimmsten Fall das Vertrauen zerstören, sowohl beim Pferd als auch beim Mensch.

Wie wichtig das Erkennen und Respektieren von Grenzen ist, habe ich sehr eindrucksvoll durch ein Schlüsselerlebnis mit meinem Hengst Atila erfahren, das mich damals sehr schockiert, mich aber letztendlich aufgerüttelt hat. Schlussendlich war es für unser heutiges Vertrauensverhältnis immens wichtig.

„Als wir vor ein paar Jahren Besuch von einigen Fotojournalisten auf der Hacienda hatten, sollte ich für ein Fotoshooting mit Atila arbeiten und ihnen unser ganzes Können zeigen. Ich war sehr nervös und wie immer übertrug sich dies ganz schnell auf den sensiblen Hengst. Anfangs lief die Zusammenarbeit mit Atila jedoch erstaunlich gut, bis zu dem Punkt, an dem ich gebeten wurde, ihn vor mir Steigen zu lassen. Es sollte ein besonderes Foto werden und ich wollte es so perfekt wie möglich aussehen lassen. Daher war ich mit meiner Aufmerksamkeit mehr bei den Fotografen, der richtigen Perspektive und dem besten Licht als bei Atila. Ich fragte von ihm das Steigen ein paar Mal hintereinander ab, ohne mich wirklich auf ihn zu konzentrieren. Als ich Atila dann noch ein letztes Mal steigen lassen sollte, hatte ich ein komisches Gefühl im Bauch. Ich sagte jedoch nichts, konzentrierte mich weiter auf die Angaben der Fotografen und ließ Atila erneut in die Höhe steigen, fast ohne ihn anzusehen. Der Hengst bäumt sich recht aggressiv vor mir auf, biss mir in einer blitzschnellen Aktion in die Schulter und hob mich mit in die Höhe. Alle Beteiligten, mich selbst eingeschlossen, waren völlig geschockt, denn dies hatte niemand kommen sehen. Im ersten Moment war mir diese Aktion völlig unverständlich, ich begriff überhaupt nicht, warum mich Atila angegriffen hatte und war enttäuscht und ratlos. Mit zitternden Knien rappelte ich mich auf und rief den Hengst zu mir. Er war ebenfalls sehr aufgeregt und so ließ ich ihn noch etwas arbeiten, um ihm mit dem Abfragen von Tempo- und Richtungswechseln klarzumachen, dass sich durch das Geschehene in unserer Rangfolge nichts geändert hatte. Erst danach versorgte ich meine Wunde an der Schulter, die Gott sei Dank nur eine harmlose Fleischwunde, allerdings mit einem großen Bluterguss war.

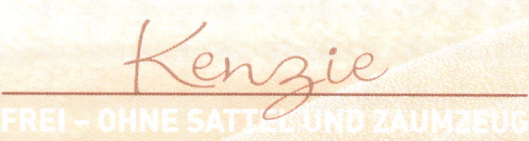
FREI – OHNE SATTEL UND ZAUMZEUG

EINE
SCHMERZLICHE ERFAHRUNG
MIT ATILA

Ich verstand immer noch nicht, was eigentlich geschehen war und weinte aus Enttäuschung und Verzweiflung, da ich dachte, dass ich es niemals schaffen würde, eine harmonische Beziehung zu diesem Hengst aufzubauen.

Noch die ganze Nacht grübelte ich über das Geschehene und wälzte mich im Bett hin und her. Dann verstand ich plötzlich, warum Atila mich angegriffen hatte: Es war eine ganz natürliche Reaktion eines Hengstes auf meine Unsicherheit und Unaufmerksamkeit. Ich beging den Fehler, meine Aufmerksamkeit nicht Atila, sondern den Fotografen zu widmen, während ich gleichzeitig von diesem dominanten Pferd eine Lektion verlangte, die Hengste normalerweise nur im Kampf ausführten, um anzugreifen. Bisher hatte ich nie Probleme bei dieser Lektion, da ich mich immer voll auf Atila konzentrierte und ihn durch Loben und Pausen belohnte und motivierte. In diesem Fall, war ich aber zu abgelenkt durch die Fotografen und strahlte zudem durch meine Nervosität eine gewisse Unsicherheit aus. Wenn dann noch das ranghöhere Wesen, in diesem Falle ich, das durch die Aufforderung zum Steigen provoziert, im gleichen Augenblick Schwäche und Unsicherheit zeigt, ist es ganz natürlich für einen Hengst, die Chance zu ergreifen, um durch einen Angriff die Rangordnung umzukehren. Mir war nun bewusst, was schiefgelaufen war und dass ich diese Situation selbst ausgelöst hatte. Es hat danach einige Zeit mit viel konsequenter und motivierender Arbeit gedauert, bis dieser Riss in unserer Beziehung wieder gekittet war.

Gerade im Umgang mit Hengsten erfordert die Balance auf dem schmalen Grat zwischen vertrauensvollem Spiel und provozierender Aggression immer vollste Aufmerksamkeit.

G. Boiselle

Kenzie ist niemand, der sich gerne in den Vordergrund stellt, der über sich reden mag oder auf Prestige bedacht ist. Sie ist herzlich, nett und freundlich und offen für alle Menschen, die sie ansprechen. Doch sie hat auch eine eher introvertierte Seite. Insofern kosten sie öffentliche Auftritte immer Überwindung – wenn, ja wenn sie nicht auf einem Pferd sitzt. Denn dann ist alles ganz anders! Sobald Kenzie in der Nähe von Pferden ist, verwandeln sich ihr Auftreten und ihre Ausstrahlung. Dann scheint sie von einem Licht umgeben, beseelt von der Energie des Pferdes. Ihre Auftritte sind vielleicht nicht so spektakulär, wie die anderer Showstars, doch sie haben ihren eigenen, ganz leisen Zauber, der viele Menschen in ihrer Seele berührt. Kaum jemand kann sich der Faszination dieser Momente entziehen, ist es doch genau die Harmonie mit einem so sensiblen Wesen wie einem Pferd, von der viele Menschen träumen, sie selbst mit ihrem Pferd zu erleben.

Der Kult- und Kinofilm Ostwind wäre niemals ohne die besondere Ausstrahlung von James so berührend. Doch seine bernsteinfarbenen Augen strahlen mit diesem Ausdruck nur, wenn er Kenzie anschaut, sie spiegeln seine Liebe für sie wider und rühren den Zuschauer zu Tränen. Wenn Kenzie als Filmdouble durch eine Wiese galoppiert, mit erhobenen Armen bereit zu fliegen, dann erwachen Kindheitsträume zum Leben.

Kenzie sieht sich selbst nicht als Star, sie ist von der Mission erfüllt, Menschen zu zeigen, wie wunderschön es ist, mit seinem Pferd zu harmonieren. Ihre Seminare geben ihr die Möglichkeit, ihr Wissen und ihre Erfahrung weiterzugeben, und sie freut sich über alle, die mit neuen Erfahrungen nach Hause gehen und anfangen, mit ihren Pferden zu kommunizieren.

Kenzie
GOES
PUBLIC

Kenzie
WIE ALLES BEGANN –

MEINE ERSTEN SHOWAUFTRITTE MIT JAMES

Schon von Beginn an, als ich mit James anfing, ganz frei, ohne Sattel und Zaumzeug, zu trainieren, war ich sehr ehrgeizig und liebte es, wenn ich anderen voller Stolz unsere neuesten Übungen und Lektionen vorführen konnte. Wenn wir mit der Familie und dem Team der Hacienda auf den Ferias und Pferdemessen unterwegs waren, um unsere Quarter Horse-Zucht und unser Reitzentrum zu präsentieren, schaute ich mir immer gerne die Vorführungen und Auftritte anderer Reiter an und ließ mich davon inspirieren. Jedes Mal fuhr ich dann mit vielen neuen Ideen im Kopf nach Hause und versuchte aus dem, was mir besonders gut gefallen oder mich beeindruckt hat, zusammen mit James etwas Ähnliches zu machen oder daraus neue Lektionen zu entwickeln.

Da wir beide großen Spaß daran hatten und es James auch immer sehr leicht fiel, Neues zu lernen, wuchs in mir der Wunsch, mit ihm auch einmal vor einem größeren Publikum aufzutreten und diesem unser Können zu zeigen.

Immer im September findet in Villamartin die alljährliche Feria de Caballo statt und mit 15 Jahren hielt mich dann nichts mehr zurück, ich wollte mit James unbedingt bei dieser Feria auftreten. Schon Monate zuvor machte ich mir Gedanken über unser Programm, verbrachte Stunden damit, mit James zu üben, die passende Musik herauszusuchen und diese auf unsere einzelnen Lektionen abzustimmen. Und natürlich brauchte ich auch ein passendes Kostüm. Alles sollte perfekt zueinander passen! Allein schon all diese Vorbereitungen machten unglaublich viel Spaß – sowohl meine Vorfreude als auch meine Aufregung wuchs von Tag zu Tag.

Die letzte Generalprobe zuhause vor den Augen meiner Familie ging ziemlich schief, nichts klappte, wie es sollte. Doch so eine schlechte Generalprobe gilt ja eigentlich als ein gutes Omen, auch wenn es sich ganz und gar nicht gut anfühlte. Dann, endlich war es soweit und der Tag des Auftritts brach an. Ich war unendlich aufgeregt, vor allem, da meine sämtlichen Schulfreunde und viele Bekannte bei der Feria waren und ich ja noch nie vor einem großen Publikum aufgetreten war. Wie gerne hätte ich alles wieder abgesagt. Doch es gab kein Zurück mehr. Mit einem flauen Gefühl im Magen und flatternden Nerven ging ich mit James in die kleine Arena und versuchte, alles um uns herum auszublenden. Zuerst zeigten wir frei sämtliche Lektionen am

Boden, die wir konnten: das freie Folgen mit vielen Wechseln, die Seitengänge, das Steigen und den spanischen Schritt. Dann wechselte die Musik und ich sprang auf James Rücken und ritt die Aufgaben der Doma Vaquera ohne Sattel und Zaumzeug, nur mit Halsring. Als Abschluss legte sich James zusammen mit mir hin. Das spanische Publikum war begeistert und ich war erleichtert und stolz, dass alles so gut geklappt hatte. Nach der Show wurde ich mit Fragen gelöchert und alle wollten wissen, wie ich denn das Pferd ohne Zaumzeug anhalten könne ...

Die ganze Arbeit und Aufregung hatten sich gelohnt und trotz des großen Lampenfiebers vorher, wusste ich ganz genau, dass dies nicht mein letzter Auftritt gewesen sein sollte, es machte mir einfach unglaublich viel Freude. Einige Monate später hatte ich dann mit James meinen ersten Show-Auftritt auf der Americana in Augsburg. Es folgten noch viele weitere mit James und später dann mit meinem Hengst Atila, den ich auf der Equitana 2013 zum ersten Mal einem großen Publikum vorstellte. Natürlich sind künftig noch weitere Auftritte geplant, wenn die Menschen mich sehen wollen.

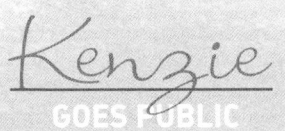

GOES PUBLIC

ABENTEUER FILMDREH –

HINTER DEN KULISSEN VON „OSTWIND"

Im Frühjahr 2012 war ich mit meinen beiden Pferden James und Atila auf der Messe Hansepferd in Hamburg und hatte dort einige Auftritte, bei denen ich die Doma Vaquera und meine Freiheitsdressur in den verschiedenen Show-Ringen vorstellte. Nach einem dieser Auftritte sprach mich eine Frau an, die persönliche Kontakte zur Firma Filmpferde.com hatte. Sie fragte mich, ob ich mir vorstellen könne, mit meinen Pferden bei einer Filmproduktion mitzuwirken. Ihre Freundin Suzanne Struben würde gerade dringend zwei schwarze Pferde für einen Filmdreh über die Freundschaft eines schwierigen Pferdes zu einem Mädchen suchen. Natürlich war ich neugierig und warum sollte ich dies nicht einmal ausprobieren. Klar, bisher hatte ich noch nie bei einem Film mitgewirkt, geschweige denn meine Pferde dafür trainiert und konnte keinerlei Erfahrungen vorweisen, aber ich dachte mir, allein schon die Teilnahme an einem Casting könnte eine spannende Erfahrung sein.

Nach der Kontaktaufnahme und einigen E-Mails hin und her wurde vereinbart, dass das Team von Filmpferde.com zusammen mit der Regisseurin Katja von Garnier und der Produzentin Ewa Karlström nach Stuttgart zum Casting kommen, da ich dort meine Pferde für die Arbeit an meiner DVD untergebracht hatte. Als das Team ankam, ritt ich gerade Atila und stellte ihnen daher zuerst meinen Hengst vor. Dann holte ich James aus dem Stall und zeigte meine Freiheitsdressur und das freie Reiten ohne Sattel und Zaumzeug. Das gefiel allen ganz gut, aber natürlich kam gleich die Frage auf, ob ich das denn mit James auch im Freien machen könne, außerhalb der Begrenzung des Reitplatzes, und ob er sich denn auch überall und zuverlässig hinlegen würde. Natürlich war das kein Problem mit James, das hatte ich ja zuhause auf der Hacienda und bei vielen anderen Gelegenheiten schon gemacht. Zum Beispiel bei dem tollen Fotoshooting mit Gabriele Boiselle und ihren Seminarteilnehmern zwei Jahre zuvor, bei dem ich James frei am Strand und im Wasser ritt. James legte sich am Strand zwischen all den Leuten ab und der ganzen Trubel schien ihn eher zu amüsieren.

Bei den beabsichtigten Filmaufnahmen sollte der Hauptdarsteller Ostwind am Anfang der Geschichte zuerst sehr wild und aggressiv sein. James allerdings ist eher ein ruhiges und gelassenes Pferd. Das musste er ja auch, damit die pferdeunerfahrene Schauspielerin mit ihm arbeiten konnte. Da schlug ich vor, für die wilden Szenen Atila zu nehmen, der hatte als Hengst sehr viel mehr Temperament. Schnell holte ich Atila noch einmal aus dem Stall und ließ ihn frei in der Arena laufen. Als ob er wusste, was von ihm erwartet wird, gebärdete er sich sehr wild und feurig. In dem Spiegel, der an der Reitbahn angebracht war, schien er einen Rivalen zu erspähen und musste diesem doch gleich einmal kräftig imponieren. Da auch Atila schon sehr viel Erfahrung in der Freiheitsdressur hatte und meine beiden Pferde fast die gleiche Fellfarbe ohne weiße Abzeichen haben, waren sie zusammen die perfekte Besetzung für Ostwind. Aber dies war noch nicht alles, es wurde noch schwieriger. Das Mädchen im Film sollte ja mit Hilfe von Ostwind innerhalb kürzester Zeit das Reiten erlernen und dann auch frei und ohne Sattel mit ihm durch die Landschaft galoppieren. Zwar hatte die Schauspielerin Hannah Binke schon im Vorfeld einige Reitstunden genommen, aber das was die Regisseurin sehen wollte, die Harmonie mit dem Pferd, war natürlich in der kurzen Zeit einfach nicht erlernbar. Zufällig hatte ich gerade die gleiche Größe und eine ähnliche Statur wie die 13-jährige Hauptdarstellerin. Somit wurde ich nicht nur als Pferdetrainerin mit meinen Pferden engagiert, sondern durfte auch als Double die ganzen freien Reitszenen mit James und Atila drehen. Ein echtes Abenteuer begann.

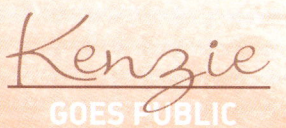

Nicht lange nach dem Casting ging es dann schon mit dem Filmdreh los. Ich wurde über die Firma Filmpferde.com engagiert und brachte meine Pferde an den Hauptdrehort in der Nähe von Kassel. Es war alles sehr aufgeregend mit den Kameras, den Lichtern, den Schauspielern und den vielen Leuten, die auf dem Set engagiert waren. Und ich war natürlich ungemein neugierig, was sich da abspielen würde. Natürlich hatte ich auch Vorbehalte und Zweifel, ob ich all den Anforderungen, die an mich gestellt wurden, wirklich gerecht werden konnte, und ob die Beziehung und das Vertrauen von James und Atila zu mir unter all diesen Anforderungen leiden würde. Ich war gespannt, was da auf uns zukommen würde, doch ich hatte Vertrauen zu meinen Pferden.

Die dreimonatige Drehzeit an den verschiedenen Sets rund um Kassel waren wirklich sehr spannend und intensiv. Für mich und meine Pferde war es eine Geduldsprobe: Die lange Zeit der Vorbereitungen, bis beide Pferde in der Maske das gleiche Aussehen von Ostwind hatten, die vielen Wartezeiten zwischen den einzelnen Drehs, die ständigen Wiederholungen, bis alles perfekt war. Natürlich stellten sich oft recht schwierige Aufgaben, spezielle Situationen, die für den Film nötig waren und die ich mit meinen beiden Pferden als Team lösen musste. Da James und Atila alias Ostwind die beiden Hauptakteure des Films waren, standen wir natürlich unter einem gewissen Erfolgsdruck, denn ohne sie wäre der Film nicht realisierbar gewesen. Das Drehbuch sah einige Schlüsselszenen vor, die nicht immer so umzusetzen waren, wie es sich die Regisseurin und das Filmteam wünschten. Es gab auch einige Situationen, bei denen ich mit James oder Atila an Grenzen geriet und bei denen ich Sorge hatte, dass unser Vertrauensverhältnis einen Riss bekommen könnte. Aber das Gegenteil war der Fall! Diese Erfahrungen haben uns noch enger zusammengeschweißt, wir lernten uns noch besser kennen und unser gegenseitiges Vertrauen ist daran gewachsen.

Zum Beispiel beim Dreh der berühmten Szene, bei der ich auf James ohne Sattel und Zaumzeug mit ausgebreiteten Armen durch ein Getreidefeld galoppiert bin: Dabei verfolgte uns in der Luft eine kleine Helikopterkamera, um die wundervollen Aufnahmen von oben zu machen. James fürchtete sich ungemein vor diesem surrenden Ding in der Luft und schoss jedes Mal mit mir davon. Ich war mir absolut nicht sicher, ob ich ihn auch wieder kontrolliert anhalten konnte. Die Szene musste mehrmals wiederholt werden, jedes Mal steigerte sich seine Aufregung und seine Angst, doch er vertraute mir immer und blieb mit seiner Aufmerksamkeit ganz bei mir. Letztendlich war sein Vertrauen zu mir größer als seine Furcht und das machte mich wiederum unendlich stolz.

Eine andere schwierige Szene spielte in einem Zelt, in dem sich James alias Ostwind von einer Kolik geplagt und umringt von Kindern hinlegen sollte. In dem Zelt herrschten nahezu tropische Temperaturen und wegen des Streulichts durfte die Zeltplane auch nicht geöffnet werden. James fühlte sich in dem beengten, heißen Raum sichtlich unwohl und wollte sich absolut nicht hinlegen, was er sonst in jeder Situation und immer zuverlässig macht. Ich brauchte einige Zeit, um ihm das Vertrauen zu geben, sich mir zuliebe hinzulegen.

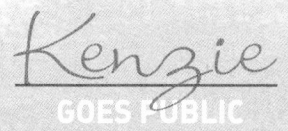
GOES PUBLIC

Dann sollte die Schauspielerin Hanna Binke, die im Film das Mädchen Mika spielte, sich neben James setzen und ihren Kopf auf seinen legen. Doch sobald ich mich von James wegbewegte, um nicht mit im Bild zu sein, versuchte er, sofort wieder aufzustehen. Also blieb ich neben ihm sitzen und rutschte soweit wie möglich an seinem Bauch nach hinten, um für die Nahaufnahme nicht im Bild zu sein, und kraulte ihn ohne Unterlass. Er musste meine Nähe spüren und wissen, dass ich für ihn da bin, damit er genug Vertrauen hatte, um liegen zu bleiben. Wir waren alle unendlich froh, als die Szene dann im „Kasten" war und wir der Enge des Zeltes entfliehen konnten!

Im Laufe der Drehzeit hatte James begriffen, dass nicht ich mir all diese schwierigen Aufgaben für ihn ausgedacht habe und von ihm verlangte, sondern dass auch ich unter einem gewissen Druck stand und wir diese Anforderungen von außen als Team gemeinsam lösen mussten. Ich hatte oft das Gefühl, dass er mehr und mehr das ganze Drumherum ausblendete und sich immer stärker auf mich fokussierte. Er achtete auf kleinste Gesten und Zeichen von mir und unsere Kommunikation verfeinerte sich im Laufe des Drehs immer mehr. Wir sind beide an diesen Herausforderungen gewachsen und waren uns am Ende näher als jemals zuvor.

Auch mit Atila gab es einige Szenen, die schwierig waren. Zum Beispiel als er auf der Weide steigen und Herrn Kaan angreifen sollte. Dies ließ sich natürlich nicht mit dem Schauspieler realisieren und auch mit einem anderen männlichen Double wäre das unmöglich gewesen, da Atila sehr auf mich fixiert ist, gerade bei diesen Lektionen, die bei Hengsten sehr schnell in echte Aggression umschlagen können. Also musste ich in die viel zu großen Kleider von Tilo Prückner alias Herr Kaan schlüpfen, die irgendwie notdürftig an mir befestigt wurden, und so tun, als ob mich Atila alias Ostwind angreifen und an der Schulter mit dem Huf verletzen würde. Obwohl ich Zweifel hatte, ob das wirklich glaubwürdig erscheinen würde, ist es im Film kaum zu sehen. Nur jemand, der mich gut kennt, wird mich in der Verkleidung von Herrn Kaan entdecken. Das Auge des Betrachters, der ganz in der Geschichte aufgeht, sieht nur das, was es sehen möchte – nur dadurch funktioniert die perfekte Illusion im Film.

Immer, wenn ich mir unsicher war, wie und ob überhaupt eine Szene zu realisieren war, konnte ich auf die Unterstützung des Teams von Filmpferde.com zählen. Gerade Vanessa Wieduwilt, die meine Ansprechpartnerin für diese Produktion war, hatte sehr viel Erfahrung in der Arbeit mit Pferden im Film und konnte als Vermittlerin dem Filmteam in so manchen Situationen verständlich machen, wo die Leistungsgrenzen von Pferden liegen und was absolut nicht machbar war. Gerade zu Anfang hätte ich oft nicht gewusst, wie ich mich dem Filmteam und deren Erwartungen gegenüber verhalten sollte, wenn ich ein ungutes Gefühl bei einer Szene hatte oder einfach an meinen Grenzen angelangt war.

Aber auch das restliche Team hatte sehr viel Verständnis für die Pferde und es herrschte eine offene, vertrauensvolle Atmosphäre, vor allem, da die Regisseurin Katja von Garnier selbst zwei Pferde hat und diese nach Pat Parelli arbeitet. Sie konnte also auf sehr viel eigene Erfahrungen im Umgang mit Pferden zurückgreifen und schätzte meine Art der Freiheitsdressur. Daher war es nie wirklich ein Problem, wenn ich einen Dreh unterbrechen wollte oder gar abbrach, weil ich das Gefühl hatte, dass meine Pferde eine Pause brauchten, es ihnen zu viel wurde und die Szene auf keinen Fall noch einmal wiederholt werden konnte.

Das Abenteuer Film hat mir wirklich großen Spaß gemacht und bei all der Arbeit natürlich auch viele neue Impulse und Erkenntnisse gegeben. Vielleicht werde ich mit meinen Pferden noch bei dem einen oder anderen Filmprojekt mitarbeiten. Ob ich die Mitarbeit bei Filmen oder das Trainieren von Filmpferden zu meinem hauptsächlichen Beruf machen will, weiß ich nicht. Ich glaube, ich möchte lieber offen bleiben für all die Abenteuer, die mir noch begegnen, und mir die Freiheit lassen, Neues zu entdecken und auszuprobieren.

KATJA VON GARNIER
ÜBER Kenzie

Eigentlich habe ich Kenzie über ihre Pferde kennengelernt bei dem Casting unseres Hauptdarstellers für den Film „Ostwind" ... das Pferd, das es zu finden galt. Die große Herausforderung bei der Suche nach dem richtigen Pferd war, dass wir sehr viele freie Aktionen im Sinn hatten, Szenen bei denen das Pferd mit unserer Hauptdarstellerin "at liberty" agieren würde.

Mit einem Pferd umzugehen ohne Trense, Halfter oder sonstigen Hilfsmitteln, ist für jeden Pferdetrainer eine gewisse Herausforderung. Aber dann das Ganze noch mit einer relativ ungeübten Darstellerin zu realisieren, dazu noch in einem Umfeld mit zahlreichen Kameras, mit Scheinwerfern, Lärm und vielen Leuten und dies alles ganz im Freien – das ist dann wirklich ein ganz anderer Schuh.

Kenzie war gerade in Stuttgart und wir machten uns auf den Weg, sie und ihre Pferde kennenzulernen. Ich hatte über unser Pferde-Stunt-Team ein Video von Kenzie gesehen und war sehr neugierig. Zunächst war ich von beiden Pferden einfach nur begeistert. Atilas Steigen hatte etwas Majestätisches, und James – seine Augen und sein Vertrauen zu Kenzie ist einzigartig und berührend. Ich mochte Kenzies ruhige Art mit beiden Pferde umzugehen – so zart und gleichzeitig so stark und souverän.

Durch den ganzen Film hindurch hat mich die Beziehung zwischen James und Kenzie unheimlich berührt. Man hat gespürt, dass er sich in ihrer Nähe einfach sicher fühlt.

Unser Film hat von dieser Beziehung unglaublich profitiert, denn nur so war es uns überhaupt möglich, viele der freien Szenen tatsächlich mit unserer Hauptdarstellerin zu drehen. Aber eben nicht nur die Pferde waren ein großes Geschenk für den Film, sondern auch Kenzie als Person. Sie ist ein Meister ihres Fachs und so mutig.

Bei unserem ersten Treffen ergab sich eine Möglichkeit für den Film, die ich vorher gar nicht in Betracht gezogen hatte, nämlich dass Kenzie unsere Hauptdarstellerin Hanna doubeln konnte. Von ihrer beider Statur her passten sie sehr gut zusammen. Und so vollführte Kenzie etliche Stunts für uns, wie zum Beispiel frei, ohne Sattel und Zaumzeug mit ausgebreiteten Armen durch ein Feld zu galoppieren, während eine zischende, ferngesteuerte Helicam hinter ihr hersauste ...

Oft, wenn ich nach Drehschluss zu James an die Box gekommen bin, hatte ich Tränen in den Augen, ohne dies wirklich erklären zu können. Er hat etwas unglaublich Weises, Wissendes und Tiefgründiges an sich. Und wenn Pferde wirklich ein Spiegel sein können und sie uns unserer Seele näherbringen, dann lässt das auch auf Kenzie schließen.

Ich freue mich auf alles, was noch kommt an gemeinsamen Abenteuern.
Katja von Garnier

Katja von Garnier ist eine deutsche Regisseurin die bekannt ist durch Produktionen wie Abgeschminkt (1993), Bandits (1997) und Alice Paul – Der Weg ins Licht (2004). Sie lebt und arbeitet mit ihrem Mann, ihren beiden Kindern und ihren Pferden in Berlin und Hollywood.

FREUNDSCHAFT

SEMINARE
UND UNTERRICHT –

EINE **HERAUSFORDERUNG**

Da ich von klein auf mit den vielen Besuchern auf der Hacienda aufgewachsen bin, war es für mich schon immer selbstverständlich, bei den täglichen Arbeiten auf der Hacienda und bei der Betreuung unserer Gäste mitzuhelfen. Mein Bruder Raphael übernahm schon sehr früh den Unterricht im Westernreiten, der bis heute eine ganz zentrale Rolle auf der Hacienda spielt. Meine Mutter unterrichtete immer mehr die iberischen Reitweisen und war bzw. ist immer noch für die ganze Organisation des Betriebs und für die besondere Atmosphäre zuständig. Schon bald, nachdem ich mit James und meiner Freiheitsdressur die ersten Auftritte gemacht hatte, kamen immer mehr unserer Gäste auch auf mich zu und fragten nach Unterricht. Damals war ich noch sehr jung und im Unterrichten völlig unerfahren. Ich war unsicher und zweifelte stark an mir selbst, ob ich anderen Leuten, die zudem noch viel älter waren als ich, überhaupt etwas beibringen konnte. Da ich nicht nach einer bestimmten Methode oder einem Programm mit meinen Pferden arbeite, sondern vieles einfach aus dem Gefühl heraus mache, war mir ganz und gar nicht klar, wie ich eine Unterrichtseinheit aufbauen oder was ich überhaupt mit den Leuten und den Pferden tun sollte.

Aus der Angst heraus, den Erwartungen der Gäste nicht gerecht zu werden und sie zu enttäuschen, packte ich so viel wie möglich in die erste Stunde hinein und ließ meine „Schüler" eine Menge Aufgaben und Lektionen in kürzester Zeit absolvieren, ohne mich lange bei den Grundlagen aufzuhalten, die für mich völlig selbstverständlich und nicht der Rede wert waren. Das Ergebnis war natürlich, dass nicht nur ich mit dem Unterrichten völlig überfordert war, sondern auch meine Teilnehmer völlig erschlagen von dem Programm waren und die meisten Aufgaben gar nicht umsetzen konnten. Zudem hatte ich ja schon in der ersten Einheit so viel gemacht und angesprochen, dass ich dann überhaupt nicht wusste, was ich denn nun in der zweiten Unterrichtseinheit mit meinen Leuten machen sollte. Somit ging mir schnell der Stoff aus und ich bekam Panik, denn ich wollte ja unbedingt, dass unsere Gäste zufrieden sind und etwas lernten und dass am Besten alles genauso klappte, wie bei mir. So ging es also nicht weiter mit dem Unterrichten, ohne dass sich Frustration auf beiden Seiten ausbreitete. Mir wurde klar, dass ich mir überhaupt erst einmal bewusst machen musste, wie ich selbst mit meinen Pferden arbeite, wie ich anfange und wie ich an eine neue Lektion herangehe, wie ich was und warum mache und welche Rolle die Reaktionen des individuellen Pferdes spielen. Doch das ist gar nicht so einfach, wenn man wie ich vieles einfach nach Gefühl macht, denn Bauchgefühl, auch wenn es auf jahrelange Beobachtungen und Erfahrungen basiert, ist gar nicht so einfach in Worte zu fassen. Ich arbeitete in dieser Zeit lieber daran, eine neue Show und neue Lektionen mit James zu entwickeln oder die Ausbildung meines

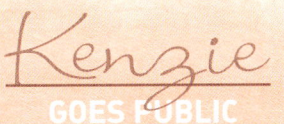

Kenzie
GOES PUBLIC

Kenzie während ihres CAVALLO-Seminars in Heimsheim

Hengstes Atila weiter voranzutreiben, als mich detailliert mit mir selbst und meiner „Methode" zu beschäftigen.

Dann kam jedoch das verlockende Angebot von Arminius Media, eine DVD über meine Art der Freiheitsdressur zu produzieren. Ich war natürlich begeistert und stellte mir vor, dass ich einfach Lektion für Lektion zeige, was ich mit meinen Pferden so mache und fertig ist die DVD. Doch weit gefehlt, so schnell und einfach war das ganz und gar nicht.

Damit die einzelnen Übungen auch wirklich verständlich und nachvollziehbar gezeigt werden konnten, stand ich vor der Aufgabe, alles, was ich bisher mit meinen Pferden gemacht und erarbeitet hatte, das Wie und Warum genauestens zu strukturieren und zu erklären. Das kostete mich ganz schön viel Zeit, Mühe und Arbeit, viel mehr, als ich jemals gedacht hatte. Vor allem war es schwierig, meine Intuition in Worte zu fassen, weshalb ich zum Beispiel zuerst die eine Lektion machen würde, bevor ich dann die darauffolgende aufbauen würde – und nicht umgekehrt.

Auch das Vorab-Erkennen von möglichen Fehlern, deren Erklärung und Vermeidung war recht schwierig.

Einen ganzen Winter lang saß ich an der Strukturierung meines Trainings und überlegte, wie man das, was ich jeden Tag mit den Pferden tue, am Besten erklärt, ohne Missverständnisse zu erzeugen. Armin Ulrich von Arminius Media war mir hierbei eine sehr große Hilfe, da er selbst kein Pferdemensch ist und dennoch den Anspruch hatte, alles, was ich erklärte, zu verstehen. Das war ein großes Glück, denn er hatte viele Fragen und sprach Dinge an, die ich noch gar nicht erklärt hatte oder einfach voraussetzte, da sie mir selbstverständlich erschienen. Er sagte mir immer wieder: „Kenzie, wir müssen die DVD für jedermann machen. Und da ich kaum Ahnung von Pferden habe, kannst du davon ausgehen, dass wenn ich deinen Erklärungen folgen kann, es auch der Rest der Welt verstehen wird." Also versuchte ich mein Bestes, um alles Schritt für Schritt zu zeigen und ganz detailliert zu erklären.

Kenzie mit einer Seminarteilnehmerin auf Gut Hanum

Ich hoffe, dass uns das ganz gut gelungen ist. Diese ganze Strukturierung und Ausarbeitung der DVD machte mir zum ersten Mal bewusst, wie ich eigentlich mit den Pferden arbeite. Genau diese Erkenntnisse hatten mir immer in den Unterrichtssituationen gefehlt. Nun hatte ich endlich eine Struktur, einen roten Faden, den ich für meinen Aufbau von Unterrichtseinheiten nutzen konnte, der mir die nötige Sicherheit und die Möglichkeit gab, auch auf unvorhergesehene Situationen oder Fehler der Schüler zu reagieren und Lösungswege anzubieten.

Aber dennoch fühle ich mich zu Beginn eines Seminars immer noch etwas unsicher und mich befallen immer wieder Zweifel, ob ich denn überhaupt schon soweit bin, anderen Leuten etwas beizubringen. Oftmals sind die Menschen, die mich nur aus der Öffentlichkeit und von meinen Auftritten her kennen, über mein Lampenfieber und meine Unsicherheit erstaunt. Denn obwohl ich innerlich zittere wie Espenlaub und vor Aufregung fast sterbe, wirke ich auf Außenstehende anscheinend, sobald ich mit dem Pferd die Arena betrete, relativ ruhig und gelassen. Nur meine Pferde spüren meine Aufregung, und dies macht es notwendig, meine Nervosität zu überwinden und mich vertrauensvoll auf mein Pferd zu konzentrieren. Nach dem Motto: „Zusammen schaffen wir das schon!"

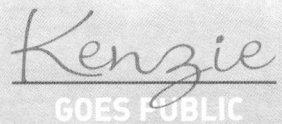
GOES PUBLIC

Kaum war die Produktion der DVD beendet, erwartete mich schon die nächste Herausforderung. Christine Felsinger, die Chefredakteurin der Zeitschrift CAVALLO kontaktierte mich und fragte, ob ich Interesse hätte, zusammen mit Audrey Hasta Luego, der bekannten französischen Pferdetrainerin, ein Tagesseminar zum Thema „Freiheitsdressur" in Deutschland zu machen. Zuerst war ich völlig sprachlos, aber natürlich auch begeistert. Zwar hatte ich sofort Zweifel, ob ich das schaffen würde, aber mit einer zweiten Referentin an meiner Seite müsste das doch zu bewältigen sein, so sagte ich zu. Im Laufe der nächsten Wochen überschlugen sich dann die Ereignisse. Zuerst musste Audrey Hasta Luego leider aus Zeitgründen absagen und das Seminar sollte mit mir alleine stattfinden. Geplant waren maximal 30 Teilnehmer und drei bis vier Pferde, mit denen ich arbeiten sollte. Oh je, ich sollte also mit wildfremden Pferden Freiheitsdressur zeigen und mit deren Besitzern Lektionen erarbeiten. Was, wenn die Pferde nicht mitspielen, die Mitarbeit und die Kommunikation verweigern? Meine Aufregung stieg von Tag zu Tag, denn ich hatte bisher noch nie in der Öffentlichkeit mit fremden Pferden gearbeitet. Mir wurde sofort klar, ich brauchte auf jeden Fall die Unterstützung von James – sowohl moralisch, als auch ganz praktisch, um überhaupt etwas zeigen zu können, falls mit den fremden Pferden alles schiefging. Dann wurde das Seminar in der Zeitschrift CAVALLO veröffentlicht und in kürzester Zeit hatte die Redaktion über hundert Anfragen. Wie sollte man daraus dreißig Teilnehmer auswählen? Also wurde kurzerhand die Planung erneut über den Haufen geworfen und aus dem Tagesseminar wurde ein Event über zwei Tage mit je fünfzig Teilnehmern und vier Pferden pro Tag. Ich war geschockt und mir völlig sicher, dass ich das niemals durchstehen würde. Eigentlich wollte ich absagen. Dass ich dies trotz meiner Angst und meiner Zweifel nicht tat, ist nur der großen Überredungskunst und der Unterstützung meiner Mutter zu verdanken.

Meine größte Sorge war der Umgang mit den fremden Pferden, deren Besitzer ja Teilnehmer des Seminar waren und im Publikum saßen. Wie würden sie das aufnehmen, wenn ich, die ich doch für meine feinen Hilfen und eine sanfte Kommunikation bekannt bin, plötzlich gezwungen sein würde, energisch aufzutreten und ein Pferd in seine Grenzen zu verweisen, weil es sich respektlos und distanzlos verhält?

Dies ist durchaus eine konfliktgeladene Situation, denn nur weil ich mit meinen Pferden eine Kommunikationsebene erreicht habe, die mit wenigen Gesten auskommt, heißt das nicht, dass ich nicht auch einmal sehr konsequent und deutlich Grenzen aufzeigen und Respekt und Aufmerksamkeit vom Pferd einfordern muss. Gerade im Umgang mit Hengsten ist dies immer wieder ein Thema. Würden dies die Teilnehmer in einem solchen Fall verstehen?

Als ich den ersten Tag des Seminars dann überstanden hatte, war mein Gefühl für den zweiten Seminartag schon etwas postiver. Am nächsten Morgen fühlte ich mich bereits deutlich sicherer. Meine Befürchtungen bestätigten sich nicht. Alle Pferde machten wunderbar mit und verhielten sich ebenso, wie es Pferde tun, so dass ihnen die Kommunikation über die Körpersprache des Menschen schon sehr bald vertraut und verständlich war. Zum Abschluss des Seminars führte ich dann noch mit James einige Lektionen unserer Freiheitsdressur und das freie Reiten vor. Ich war sehr erleichtert, als das Seminar dann vorbei war und ich unglaublich viel positives Feedback bekam. Ich freute mich riesig darüber, dass den Teilnehmern das Seminar gefallen hatte und dass sie viele Ideen und neue Erkenntnisse für sich und ihre Pferde mit nach Hause nahmen. Diese Herausforderung, vor so vielen Leuten zu sprechen und ein Seminar zu halten, war wirklich eine Art Feuerprobe für mich. Jetzt fühlte ich mich gerüstet für meine Kurse zuhause auf der Hacienda und für weitere Seminare in Deutschland. Ich freue mich darauf!

INTERVIEW
MIT
Kenzie

Auch wenn ich mich in Deutschland ebenfalls sehr wohl und geborgen fühle und gerne einige Zeit bei der wundervollen Familie meines Freundes in der Nähe von Berlin verbringe, denke ich doch, dass sich auch in Zukunft ein zentraler Teil meines Lebens auf der Hacienda in Andalusien abspielen wird. Sie ist einfach meine Heimat und natürlich auch die meiner Pferde.

Wie sieht ein ganz „normaler" Tag auf der Hacienda aus?

Kenzie: Ein normaler Tag? Den gibt es bei uns eigentlich gar nicht. Was auch immer man sich für den Tag vorgenommen hat, am Ende wird irgendwie immer alles anders … Dadurch, dass viele verschiedene Gäste auf der Hacienda sind, und durch die vielen Pferde und Tiere, die bei uns leben, geschieht täglich immer viel Unvorhergesehenes und wirft so manches Mal auch die besten Pläne und Absichten um.

Manchmal ist es viel zu heiß zum Reiten. Oder gerade im Winter kann es auch vorkommen, dass sinnflutartige Wasserfälle die Reitplätze unter Wasser setzen und das Reiten unmöglich machen.

Du bist viel unterwegs und verbringst oft viele Monate in Deutschland, doch deine Wurzeln liegen ja auf der Hacienda Buena Suerte. Wo fühlst du dich wirklich zu Hause, wo ist deine Heimat?

Kenzie: Unsere Hacienda ist für mich ein ganz besonderes Stückchen Erde im Herzen Andalusiens, einer Landschaft voller Fruchtbarkeit und Weite mit endlosem Horizont. Dort bin ich aufgewachsen und dort fühle ich mich verwurzelt und möchte auch immer wieder dorthin zurückkehren. Wenn ich längere Zeit von zu Hause weg bin, fehlt mir die strahlende Sonne, die Wärme und ich sehne mich nach der besonderen Würze der Landschaft und dem Lachen der Menschen. Das Leben in Andalusien ist zwar oftmals hart und arbeitsreich und in der heutigen Zeit alles andere als einfach, doch sind die Menschen dort unglaublich herzlich, lebendig und fröhlich, vielleicht sogar fröhlicher als anderswo. Für mich ist die Intensität des Lebens in Andalusien einfach stärker spürbar. Schon wenn ich in Jerez de la Frontera aus dem Flieger steige, empfängt mich der würzige Duft der Erde, den es nur hier gibt und ich fühle mich sofort heimisch.

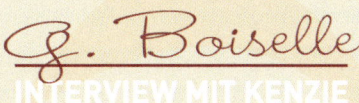

G. Boiselle
INTERVIEW MIT KENZIE

Doch es gibt im täglichen Ablauf immer ein paar Fixpunkte: Ich reite und arbeite mit meinen Pferden, wenn es geht, jeden Tag. Entweder mache ich Bodenarbeit im Round Pen oder ich übe auf dem Platz. Besonders mit jungen Pferden trainiere ich oft nur kurz auf dem Reitplatz und gehe dann mit ihnen nach draußen in die Berge, um Vertrauen aufzubauen und sie einmal etwas Neues sehen zu lassen. Auch mit meinen anderen Pferden gehe ich regelmäßig ins Gelände. Diese Zeit mit den Pferden alleine in der Landschaft, umgeben von duftenden Kräutern und dem lauen Wind, der durch die Mähne streicht, gewärmt von der andalusischen Sonne, das ist reine Erholung für mich. Dann tanke ich neue Energie und Kraft.

Auch die Pflege und gewisse Stallarbeiten übernehme ich natürlich lieber selbst, denn der enge Kontakt zu meinen Pferden ist mir sehr wichtig.

Neben den Pferden gibt es auf unserer Hacienda noch viele weitere Tiere zu versorgen und auch unsere Gäste wollen umsorgt und betreut werden. Jeden morgen helfe ich, wenn viel Besuch da ist, in der Küche bei den Vorbereitungen zum Frühstück und unterstütze meine Mutter und unser Team bei der Planung des Tages. In den ruhigeren Monaten nutzen wir diese Zeit gerne, um einmal ganz ungestört mit der ganzen Familie und den Menschen, die seit vielen Jahren bei uns arbeiten, zu frühstücken. Danach besprechen wir die Aktivitäten des Tages, was dringend zu tun ist, wer mit welchen Pferden arbeitet, wer wen unterrichtet, wer einkaufen geht und welche kranken Tiere betreut werden müssen. Immer wieder nimmt meine Mutter verletzte Tiere und streunende Hunde auf, die wir gemeinsam aufpäppeln und weitervermitteln. In diesem Jahr hatten wir ein Flaschenfohlen, dessen Mutter leider bei der Geburt gestorben ist. Alle paar Stunden mussten wir die Stutenmilch erwärmen und mit den Babyflaschen im Schlepptau auf die Weide gehen, damit der kleine Hengst seinen Hunger stillen konnte – auch nachts! Jeder auf der Hacienda musste ran. In der ersten Nacht, als die Mutter starb, war der kleine Hengst noch sehr schwach. Um ihm Wärme und Nähe zu geben, habe ich mit meinem Freund Dennis bei ihm im Stall übernachtet und ihn rund um die Uhr versorgt. Mein Bruder Raphael und seine Freundin Lea haben die Stutenmilch besorgt und die Fütterungszeiten und -mengen festgelegt, sodass das kleine Fohlen immer die richtige Milchmenge bekam, um gut und gesund aufwachsen zu können. Mittlerweile ist aus ihm ein energiegeladener und recht frecher kleiner Junghengst geworden, der von seinen Pferdetanten umsorgt und behütet wird.

Unsere Hacienda ist wunderschön und für viele ein Ort der puren Erholung, doch dahinter steckt sehr viel Arbeit und Planung. Man braucht eine Menge Mut und die Fähigkeit, immer wieder kurzfristig neue Herausforderungen zu meistern. Genau dafür bewundere ich meine Mutter. Sie scheint immer alles im Blick zu haben, nimmt jede Herausforderung mit einem Lachen und viel Humor an, und lässt sich niemals von etwas unterkriegen – sei das Chaos auch noch so groß. Manchmal ist das ganz schön hart und wir Kinder wurden schon von Anfang an zum Mithelfen erzogen. Doch als „Arbeit" haben wir dies nie angesehen, eher als ganz normale Verpflichtung innerhalb unseres Familienbetriebes, bei dem einfach alle Dazugehörigen helfen.

G. Boiselle
INTERVIEW MIT KENZIE

Wie suchst du deine Pferde aus – oder suchen sie dich aus?

Kenzie: Für unseren Reitbetrieb werden immer mal wieder neue Pferde gebraucht, daher gehe ich des Öfteren mit auf die Suche nach einem neuen Pferd. Oder manchmal bittet mich jemand darum, ihm bei seiner Suche zu helfen. Das letzte Mal war ich mit meinem Freund Dennis unterwegs, um ein geeignetes Pferd für ihn als Stunt-Reiter zu finden, als wir uns einen Cremello anschauten, der mich irgendwie berührt hat. Und genau dies ist es, was mich als erstes auf ein Pferd aufmerksam werden lässt – es muss mich berühren, einen Weg zu meinem Herzen finden. Dann kann ich versuchen, eine Verbindung zwischen uns aufzubauen. Oft sind die Pferde gerade hier in Spanien eher verängstigt und beäugen Menschen skeptisch und misstrauisch. Der Umgang gerade mit jungen Pferden, die frisch aus den Herden kommen und noch nicht viel Erfahrung haben, ist manchmal eher rau und nicht immer vertrauensbildend. Wenn aber ein Pferd trotz seiner Skepsis und Angst neugierig bleibt, mich aufmerksam ansieht und Interesse zeigt, eine Verbindung zu mir aufzubauen, dann ist auch mein Interesse geweckt, das Pferd näher kennenzulernen – dann besteht die Chance für einen gemeinsamen Weg.

Meine eigenen Pferde sind bisher immer wie ein Geschenk in mein Leben getreten, sie begegneten mir genau zum richtigen Zeitpunkt und wurden ein Teil davon. Wenn ich mich dann für ein Pferd entschieden habe und es zu uns nach Hause kommt, übernehme ich die volle Verantwortung für dieses Wesen und es wird zum Teil meiner Familie. Ich sorge und kümmere mich um meine Pferde, teile mein Leben mit ihnen. Und sie geben mir sehr viel Nähe, Vertrauen und Freundschaft zurück. Sie werden zu einem sehr wichtigen Teil von mir und wenn ich länger von ihnen getrennt bin, fange ich an, nachts von ihnen zu träumen und mich nach ihnen zu sehnen.

Der Cremello-Hengst, den ich mit meinem Freund Dennis angeschaut habe, ließ mich nicht mehr los. Lange hatte ich mir überlegt, ob es klug ist, noch ein weiteres Pferd hinzuzunehmen, ob ich die nötige Zeit und Aufmerksamkeit für ihn haben würde. Ich hatte Zweifel, doch er hat sich immer wieder in meine Gedanken und in mein Herz geschlichen. Nun hat er ein neues Zuhause auf der Hacienda Buena Suerte gefunden und ich freue mich darauf, ihn in all seinen Facetten kennenzulernen, sein Vertrauen zu erlangen und viele neue Dinge mit ihm zusammen zu lernen.

Was tust du gerne, wenn du nicht mit deinen Pferden arbeitest oder reitest?

Kenzie: Hm, wahrscheinlich das, was viele gerne tun. Ich treffe mich mit Freunden, lese gerne Bücher im Schatten der mächtigen Palme in unserem kleinen privaten Gärtchen und liebe es, Musik zu hören. Da bei uns durch die Gäste immer sehr viel los ist und eine Menge interessante Menschen dort zu Besuch sind, nutze ich auch gerne ein paar ruhige Momente, um mich zurückzuziehen. Ich stöbere außerdem gerne im Internet nach besonderen Perlen, Steinen und anderen Materialien und mache dann daraus Schmuck für mich und meine Freunde. Viele der Ohrringe und Anhänger, die ich trage, habe ich selbst gemacht – denn die Schmuckstücke, die mir ganz besonders gut gefallen, behalte ich manchmal gerne für mich selbst. Wenn niemand zu Hause ist und ich die Bar ganz für mich alleine habe, dann mag ich es besonders, mich ans Klavier zu setzen und zu spielen. Dabei fange ich meist mit bekannten Melodien an und improvisiere dann neue Variationen und Rhythmen. Für andere Ohren hört sich das nicht immer gut an, aber es macht eine Menge Spaß!

Besuchst du gerne andere Länder und Kulturen? Welche Reisen hast du schon gemacht und wo würdest du noch gerne hinreisen?

Kenzie: Da meine Mutter ein Mensch ist, der nicht leben kann, ohne zu reisen, hatte ich das Glück, sie immer wieder auf ihren Touren begleiten und einige Länder der Welt kennenlernen zu können. Vielleicht liegt diese Reiselust daran, dass meine Mutter in Kairo aufgewachsen ist und schon in ihrer Kindheit viele tiefe Erfahrungen mit anderen Religionen und Kulturen gemacht hat. Sie ist eine sehr neugierige und offene Persönlichkeit, die sich schnell anpassen kann und mit ihrer Herzlichkeit schnell Zugang zu fremden Menschen findet. Auch ich habe wohl einen Teil davon abbekommen, denn ich bin gerne unterwegs und teile mit ihr das Bedürfnis, von zu Hause aufzubrechen und diese wunderbare Welt in ihrer ganzen Vielfalt zu erleben.

Mit meiner Mutter unterwegs zu sein, ist immer ein großes Abenteuer und wir genießen es, einmal wirklich Zeit zu haben, was auf der Hacienda oftmals nicht so möglich ist. Afrika hat mich bisher besonders berührt. Meine erste große Reise unternahm ich mit meinem Vater nach Namibia, danach führten mich mehrere Besuche mit meiner Mutter nach Tansania, Mosambik, Südafrika, Sansibar und natürlich nach Marokko – und immer wieder nach Ägypten, der Heimat meiner Mutter.

Aber auch die USA und Mittelamerika haben mir sehr gut gefallen. Besonders Panama hat es mir angetan, da es meine erste Reise war, zu der ich ganz alleine mit Rucksack losgezogen bin, um einen Freund zu besuchen.

Asien kenne ich bisher noch gar nicht. Mich würden besonders Thailand und Indien interessieren. Vielleicht wird mich meine Reiselust bald einmal in diese fremde und farbenfrohe Welt entführen, wer weiß …

Natürlich begegnen mir auf meinen Reisen immer wieder Pferde und es ist sehr spannend, etwas über andere Rassen und Reitkulturen zu erfahren. Doch ich genieße es auch, einmal meinen Alltag hinter mir zu lassen und eine „pferdefreie" Zeit zu haben. Umso mehr freue ich mich dann auf ein Wiedersehen mit meinen Pferden, wenn ich wieder nach Hause komme.

Was schätzt du an einem Menschen, der dir nahesteht?

Kenzie: Das Schicksal hat mir bisher immer wieder wunderbare Menschen zugeführt, die in den verschiedenen Phasen meines Lebens meist genau zum richtigen Zeitpunkt erschienen – ganz ähnlich wie bei meinen Pferden. Es gibt viele Facetten einer Persönlichkeit, die mich faszinieren und die ich bewundere, doch ich könnte niemals einen Menschen lieben, der nicht tolerant und humorvoll ist. Liebe braucht Güte und vor allem ein großes Herz. Der Mann an meiner Seite muss nicht zwingend ein Pferdemensch sein, doch wer sein Leben mit mir teilen möchte, der wird es in gewisser Weise auch mit meinen Pferden teilen müssen, denn diese sind einfach ein immens wichtiger Teil von mir. Doch ich habe das besondere Glück, dass mein

INTERVIEW MIT KENZIE

Freund Dennis ebenfalls von Pferden begeistert ist und durch seinen Job als Stunt-Reiter diesen Part meines Lebens ganz aktiv mit mir teilen kann.

Eine gewisse Flexibilität ist natürlich auch nötig, denn ich bin viel unterwegs und meine Pläne ändern sich oft spontan, je nachdem, wie es meinen Pferden geht oder wie sich die Drehzeiten beim Film ändern und Seminartermine hin oder her geschoben werden. Und zwischendurch brauche ich dann meine kleinen Auszeiten, um mich von dem ganzen Trubel zurückzuziehen und einmal ganz für mich zu sein. Daher ist es bestimmt nicht immer einfach, mit mir zusammenzuleben, doch mit Dennis habe ich einen wundervollen Menschen an meiner Seite, der dieses unstete Leben kennt und der mir neben unserer Liebe sehr viel Sicherheit, Geborgenheit und den nötigen Freiraum schenkt.

Wer war bisher der wichtigste Mensch in deinem Leben, von wem hast du am meisten gelernt?

Kenzie: Das ist gar nicht so leicht zu beantworten, da ich das Glück hatte, auf der Hacienda viele unterschiedliche und sehr interessante Menschen kennenzulernen, von denen ich viel gelernt habe, die mich auf vielen Ebenen inspiriert haben und von denen mir manche auch sehr ans Herz gewachsen sind. Einige davon wie Ernst-Peter Frey, Pedro Torres, Manolo Oliva etc. sind im Buch auch erwähnt worden und haben wundervolle Zeilen über mich geschrieben, die mich erstaunten und sehr stolz gemacht haben. Kürzlich hatte ich die großartige Gelegenheit, Linda Tellington-Jones persönlich kennenzulernen, als sie uns mit ihrem Mann auf der Hacienda besucht hat. Es war eine wirklich inspirierende Begegnung mit einer beeindruckenden und herzlichen Persönlichkeit. Linda gab mir wertvolle Tipps im Umgang mit dem sensiblen Ulysses, wie ich ihm mit einigen TTouches helfen kann, seine Angst, sich an den Ohren berühren zu lassen, zu überwinden und sich zu entspannen. Ich freue mich schon auf unser nächstes Treffen.

Einer der absolut wichtigsten Menschen in meinem Leben ist natürlich meine Mutter. Von ihr habe ich viel gelernt über das Wesen der Pferde, über Fairness und Klarheit im Umgang mit ihnen. Und mit ihr teile ich meine Passion für die Doma Vaquera. Aber sie ist auch in anderen Dingen wie Menschlichkeit, Warmherzigkeit, innere Stärke und Hilfsbereitschaft ein großes Vorbild für mich. Meine ganze Familie ist mir sehr wichtig und steht mir mit Rat und Tat zur Seite.

Was bedeutet für dich Glück? Wann bist du wirklich glücklich?

Kenzie: Es gibt natürlich viele Momente, in denen ich glücklich und fröhlich bin und in denen mich eine wundervolle Zufriedenheit erfüllt. Doch am glücklichsten fühle ich mich, wenn ich ohne Sattel und Zaumzeug auf dem Pferderücken sitze und mit meinem Pferd durch die Landschaft fliege oder wenn uns schwierige Lektionen plötzlich mit Leichtigkeit und in absoluter Harmonie gelingen. Es ist diese Verbundenheit und Einheit mit dem besonderen Wesen Pferd, die mich glücklich und dankbar macht und mit purer Lebensfreude erfüllt.

LEICHTIGKEIT

LINDA TELLINGTON-JONES
ÜBER *Kenzie*

Es war mir ein großes Vergnügen, Kenzie Dysli auf der wunderschönen Hacienda Buena Suerte zu besuchen und sie und ihre Pferde einmal persönlich kennenzulernen. Wir haben gemeinsam einige TTouches an ihren Pferden angewendet und es hat mir viel Freude bereitet, meine Erfahrungen mit ihr zu teilen und ihr einige Tipps für den Umgang mit ihrem sensiblen Lusitano-Hengst Ulysses zu geben. Das zweite „T" in TTouch steht für „Trust" (Vertrauen) und genau dieses Gefühl vermittelt Kenzie ihren Pferden wie kaum ein anderer, den ich kenne, und das trotz ihrer Jugend. Kenzies ruhige Präsenz und ihre respektvolle Annäherung beruhigt die Pferde und sie schenken ihr dafür tiefes Vertrauen. Das Wort „Respekt" kommt von „introspect", was soviel wie hineinschauen bedeutet. Und diese Fähigkeit besitzt Kenzie, sie kann den Pferden in die Seele sehen. Mit dem Wort Respekt – ich sehe – erkenne ich also die Seele eines jeden Pferdes und genau dies ist es, was Kenzie tut und was alle tun sollten. Sie strahlt eine tiefe Liebe zu ihren Pferden aus, und diese fühlen sich zu ihr hingezogen, möchten mit ihr zusammensein und arbeiten gerne mit ihr. Genau das ist das Geheimnis, das hinter der Arbeit und dem Erfolg von Menschen und Pferdetrainern wie Frederic Pignon und Magali Delgado steht. Ich glaube, dass jeder, der auch nur in der Nähe dieser drei besonderen Menschen ist, diese liebevolle Wärme spüren wird. Ihre Präsenz und die Ausstrahlung ihrer Aura wird jeden sensiblen Menschen ergreifen und ihm neue Wege eröffnen, mit seinem eigenen Pferd zu tanzen.

Jeder, der die Möglichkeit hat, Kenzie zu beobachten, wie sie mit verschiedenen Pferdepersönlichkeiten arbeitet, welch innige Beziehung sie zu ihren Pferden hat, wird sehr viel Wärme, neue Erkenntnisse und Wissen mit nach Hause nehmen. Sie hat die Fähigkeit, jedem neue Wege aufzuzeigen, mit seinem Pferd in Verbindung zu treten und sein Herz und seine Seele zu erreichen.

Ich bin Gabriele Boiselle so dankbar für ihre Energie, die sie immer wieder in ihre brillanten Bilder und Bücher sowie in die Organisation von Seminaren steckt, um Menschen magische Momente mit den Pferden zu vermitteln.

Kenzie und Gabriele ihr seid meine Heldinnen!
Linda Tellington-Jones

Die Trainerin und Tiertherapeutin Linda Tellington-Jones ist durch ihr TTeam Ausbildungssystem und den TTouch Massagetechniken weltweit bekannt. Sie lebt mit ihrem Mann Roland auf Hawaii.

Es gibt natürlich viele Menschen, die mir am Herzen liegen und denen ich für so Vieles Danke sagen möchte, doch sie alle hier aufzuführen, würde den Rahmen sprengen. Daher mögen mir alle verzeihen, die sich hier nicht wiederfinden, sie sind dennoch in meinem Herzen.

Zu allererst möchte ich mich bei meiner Mutter und meiner besten Freundin Magda bedanken, die mich immer bedingungslos unterstützt und mir Vieles ermöglicht hat. Sie gab mir die nötige Freiheit, meine eigenen Erfahrungen zu machen und ermutigte mich, meinen eigenen Weg zu gehen. Ich kann und konnte immer auf ihren Rückhalt zählen. Meiner Mutter habe ich es auch zu verdanken, dass ich so wundervolle Pferde an meiner Seite haben darf.

Meinem Vater Jean-Claude danke ich für all das Wissen über Pferde, das ich von ihm lernen durfte und das er mir für diese Pferdewelt mit auf den Weg gab.

Raphael, mein Bruder, musste in unserer Kindheit viel ertragen, denn ich war ein eigensinniges kleines Mädchen, das seinen großen Bruder zwar abgöttisch liebte, sich aber ständig mit ihm zankte und sich mit ihm messen wollte. Ich danke Raphael von Herzen für seine Geduld und dafür, dass er bis heute mein Fels in der Brandung ist.

Mein älterer Stiefbruder Moritz hat sich früher immer darum gekümmert, dass der kleine Wildfang in die Schule kam und war oft derjenige, der versuchte, meinen Freiheitsdrang in Bahnen zu lenken. Auch wenn er mehr als einmal darin scheiterte und wir nicht immer einfache Zeiten hatten, war und ist meine Zuneigung für ihn sehr groß. Ich möchte mich bei ihm bedanken, dass er für mich da war.

Und dann möchte ich mich ganz herzlich bei meinem Stiefvater Stefan Baumgartner bedanken. Der Stefan ... schon allein bei dem Gedanken daran, etwas über ihn zu schreiben, muss ich schmunzeln. Von dem Moment an, als er in unsere Familie kam, hat Stefan erst einmal alles durcheinandergewirbelt – aber im positiven Sinne. Seitdem weht ein neuer, bayerischer Wind auf der Hacienda, der uns allen unheimlich gutgetan hat und es noch immer tut. Ich danke Stefan für seine tatkräftige Unterstützung, für die Tausende Kilometer, die er mich und meine Pferde schon durch die Lande gefahren hat, für seine genialen Ideen als Sattelmacher bei der Entwicklung eines geeigneten Sattels für Atila und dafür, dass er immer bei meinen Auftritten das Mikrofon ergreift und mit viel Kompetenz und Humor meine Vorführungen für den Zuschauer kommentiert. Stefan ist ein toller und besonderer Ziehvater, den ich im Laufe der Zeit sehr lieb gewonnen habe.

Und natürlich möchte ich mich bei meinem Freund und Lebensgefährten Dennis für seine Liebe und seine immer humorvolle Art bedanken und ganz besonders dafür, dass er bereit war, sein Leben völlig auf den Kopf zu stellen, um mit mir zusammen zu sein und mein unstetes Leben mit mir und meinen Tieren zu teilen. Er entschied sich dafür, mit mir nach Spanien zu gehen, packte sein Pferd ein und verließ für fünf Monate Deutschland und seine Familie. Nun verbringen wir immer die Wintermonate gemeinsam auf der Hacienda, arbeiten mit unseren Pferden und genießen die Zeit zusammen, bevor wir jeden Sommer wieder nach Deutschland gehen, viele Termine haben und an unterschiedlichen Projekten arbeiten. Dennis ist ein ganz besonderer Mensch in meinem Leben, der mich sehr glücklich macht.

Bei uns auf der Hacienda gab es viele Leute, die für einige Zeit dort gearbeitet und sich um mich gekümmert haben. Eine davon war Renata Navarrete Strobel, mit der ich eine Menge lustige Stunden verbracht habe und die mich oft mit zu sich nach Hause genommen hat. Wir hatten eine wundervolle Zeit zusammen, an die ich immer wieder gerne zurückdenke. Danke Renata! Muchisimas gracias, te quiero!

Dann möchte ich mich noch bei Charly und Yvonne aus den Niederlanden bedanken, die viele Jahre lang immer im Winter zu uns kamen und bei uns arbeiteten. Nie werde ich die verregneten Wintertage vergessen, die wir am großen Kamin verbrachten und stundenlang den wundervollen Gitarrenklängen und dem Gesang lauschten. Jedes Jahr im Herbst fieberte ich dem Moment entgegen, an dem endlich unsere beiden „holländischen Tomaten" zu uns auf die Hacienda kamen. Ihre Freundschaft und Herzlichkeit werde ich immer in meinem Herzen bewahren. Ich danke den beiden für die wundervolle Zeit und die Liebe, die sie mir geschenkt haben.

Gerd Grzesczak habe ich erst bei den Dreharbeiten zum Film „Ostwind" kennengelernt. Er ist einer der bewundernswertesten Persönlichkeiten, die ich kenne. Er ist einer der Initiatoren von „Filmpferde.com" und engagierte mich und meine Pferde für den Filmdreh. Gerd ist ein unglaublich lebensfroher Mensch, der auch in den schwierigsten Situationen jeden mit seiner ruhigen Gelassenheit und seinem Humor aufheitern kann und immer einen Ausweg findet, der einem niemals schlecht dastehen lässt. Mit seiner Klarheit in der Beurteilung von Situationen hat er mir als Neuling beim Film unglaublich geholfen und sehr viel Sicherheit gegeben. Ich habe viel von ihm gelernt, auch für mein weiteres Leben. Wen man auch fragt, der ihn kennt oder mit ihm arbeitet, bewundert ihn restlos und schätzt ihn sehr. Ich bin dankbar, dass ich ihn kennenlernen durfte und hoffe, noch viel von ihm lernen zu können.

Ganz besonders möchte ich mich natürlich bei Gabriele Boiselle bedanken, ohne die dieses Buch nicht hätte realisiert werden können. Schon seit ich ein kleines Mädchen war, hat Gabriele mich immer wieder besucht, fotografiert und viele Facetten von mir kennengelernt. Im Laufe der Zeit und durch die vielen gemeinsamen Foto-Shootings und Reisen ist unsere Freundschaft gewachsen, und dies sieht man den Bildern auch an, die immer ausdrucksstärker und intensiver geworden sind. Ich danke ihr von Herzen dafür, dass sie so viel für mich getan hat und mich immer so nimmt, wie ich wirklich bin.

Aber natürlich habe ich das Buch nicht alleine mit Gabriele gemacht, das ganze Team der „Edition Boiselle" hat tatkräftig dabei mitgeholfen und mich in so Vielem unterstützt. Alle Mitarbeiter sind zu lieben Freunden geworden.

Tanja Münster danke ich für die viele Zeit und die Liebe, die sie in meine Texte investiert hat, um meinen Gedanken, Worten und Formulierungen einen runden Rahmen zu geben.

Xenia Antonova danke ich für ihre Hilfe und Unterstützung während meiner Besuche in Speyer und für die Zeit, die sie sich für mich nach der Arbeit genommen hat.

Sandra Hoffmann möchte ich für die vielen schönen Bilder bedanken, die sie zusammen mit Gabriele von mir und meinen Pferden gemacht hat und für die viele Arbeit beim Auswählen, Übertragen, Zusenden und Austauschen der Bilder.

Anette Harenburg danke ich ebenfalls für die immer liebe Unterstützung und die Organisation meiner Besuche in Speyer.

Und bei der Grafikerin Nicola van Ravenstein möchte ich mich für das wunderschöne und liebevolle Layout bedanken, das das Buch zu etwas ganz Besonderem macht.

IMPRESSUM

Einbandgestaltung: Nicola van Ravenstein
Titelbild: Gabriele Boiselle

Bildnachweis: Alle Foto des Buches wurden von **Gabriele Boiselle** in den letzten 20 Jahren aufgenommen, außer:
Karin Boldt: S. 171
Dysli privat: S.160–161 (2)
Alexandra Evang: S. 159 oben
Lea Goldberg: S. 94
Sandra Hoffmann: S. 2–3, 4–5, 15, 25 oben, 30–31, 34 oben rechts, 46 oben rechts und unten links, 68, 82–83, 88, 89, 91, 93 rechts, 99, 108–109, 122, 132, 133, 138, 140
Dietmar Huland: S. 170, 172
Lothar Lenz: S. 53 oben, 54, 56, 65 unten, 74, 90 (3)
Azahra Perez: S. 158
Christiane Slawik: S. 53 unten, 66–67 (2), 75
Tom Trambow: S. 167
Vanessa Wieduwilt: S. 159 unten, 163–165 (9)

Alle Angaben in diesem Buch wurden nach bestem Wissen und Gewissen gemacht. Sie entbinden den Pferdehalter nicht von der Eigenverantwortung für sein Tier. Für einen eventuellen Missbrauch der Informationen in diesem Buch können weder die Autorin noch der Verlag oder die Vertreiber des Buches zur Verantwortung gezogen werden. Eine Haftung für Personen-, Sach- und Vermögensschäden ist ausgeschlossen.

ISBN 978-3-275-01934-2

Copyright © by Müller Rüschlikon Verlag
Postfach 103743, 70032 Stuttgart
Ein Unternehmen der Paul Pietsch Verlage GmbH & Co. KG

4. Auflage 2021

Sie finden uns im Internet unter www.mueller-rueschlikon-verlag.de

Nachdruck, auch einzelner Teile, ist verboten. Das Urheberrecht und sämtliche weiteren Rechte sind dem Verlag vorbehalten. Übersetzung, Speicherung, Vervielfältigung und Verbreitung einschließlich Übernahme auf elektronische Datenträger wie DVD, CD-ROM usw. sowie Einspeicherung in elektronische Medien wie Internet usw. ist ohne vorherige Genehmigung des Verlages unzulässig und strafbar.

Konzept und Realisation: **Gabriele Boiselle,** www.editionboiselle.de
Lektorat: Claudia König
Textbearbeitung: Tanja Münster
Innengestaltung: Nicola van Ravenstein, www.ravenstein2.de
Lithografie: Artilitho s.n.c., www.artilitho.com
Druck und Bindung: Graspo CZ, 76302 Zlin
Printed in Czech Republic